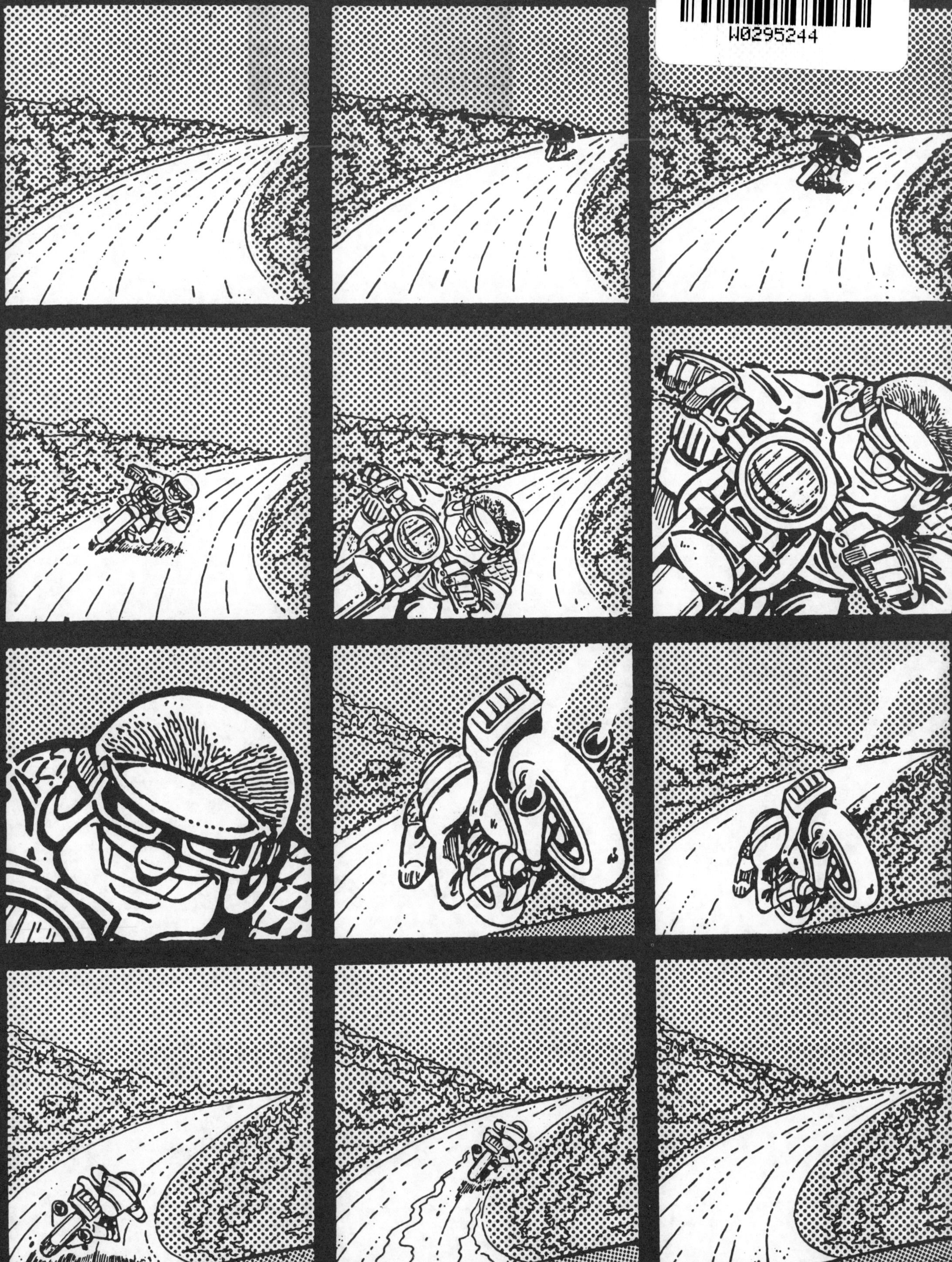

charles degotte

LES MOTARDS

DUPUIS

MARCINELLE-CHARLEROI / PARIS / MONTRÉAL / BRUXELLES / SITTARD

ISSN 0772-4470
I.S.B.N. 2-8001-1266-2

SALUT, BILLY! PARAÎT QUE TA BÉCANE DE COMPÈTE EST ENFIN AU POINT !?
AFFIRMATIF!
BILLY THE KICK
300 CHEVAUX À LA ROUE ARRIÈRE! MOULIN SURCOMPRESSÉ NOURRI AU JUS DE DYNAMITE ET AU PIMENT ROUGE!
GRAND PRIX
LA CLASSE, DIS DONC!
BEN, ELLE EST PAS DÉGUEU!
FLYING SHARK
DIS DONC, BILLY, ÇA DOIT DÉMÉNAGER UN MAX UN ENGIN PAREIL...
DISONS QU'À CÔTÉ DE ÇA, UN MISSILE S.S.20, EST RAPIDE COMME UN PÉDALO EN RODAGE...
CHUIS SÛR QU'ELLE FAIT LE 100 MÈTRES EN MOINS DE 4 SECONDES!
SI LE MOTEUR N'EXPLOSE PAS...
BROOOOM
3 SECONDES 6/10 AU 100 MÈTRES!!!
NÉGASUPER!!
VROOOUM
CETTE BÉCANE EST VRAIMENT GÉNIALE, BILLY!!
JE M'DEMANDE QUEL TEMPS ELLE FERAIT SI TU PARVENAIS À RESTER D'SSUS...

GAMELLE EST VRAIMENT LE SUPER CHAMPION DE LA CHUTE TOUTES CATÉGORIES. IL EST PLUS SOUVENT À L'HOSTO QU'À MOTO...
VROUM VROUM
COMME DANS LA CHANSON, IL PORTE DES CULOTTES, DES BOTTES DE MOTO, UN BLOUSON DE CUIR NOIR...
HOPITAL
SORTIE
À TRÈS BIENTÔT!
À TOUT DE SUITE!
...AVEC UN AIGLE... SUR LE DOS...
(REMARQUEZ QUE L'AIGLE EST SUR SON DOS À LUI AVANT D'ÊTRE SUR LE DOS DU BLOUSON DE GAMELLE QUI PORTE DONC UN AIGLE SUR LE DOS SUR LE DOS)
WOUNDED EAGLES
IL NE LOUPE JAMAIS NI UN DOS-D'ÂNE...
...NI UNE PLAQUE DE GRAVILLONS...
...NI UNE FLAQUE D'HUILE...
SLIP
...NI UN CAGEOT BALADEUR...
...NI UN NID-DE-POULE!...
KODOT
QUAND IL NE SE FAIT PAS "TILTER" PAR DES AHURIS AU VOLANT...
OH PARDON !...
TILT
...IL FAIT DU PATINAGE SUR LES BANDES DE PLASTIQUE DES PASSAGES POUR BIPÈDES...

GAMELLE EST AUSSI CHAMPION DE FIGURES LIBRES EN AQUAPLANING...
ROUTE SUBMERSIBLE
HEU... V'S'AVEZ DU FEU, M'SIEUR L'ÉGOUTIER?...
LES BOUCHES D'ÉGOUTS OUVERTES L'ATTIRENT COMME UN AIMANT... LES ÉGOUTS ET LES DOULEURS, ÇA NE SE DISCUTE PAS!
ON MONTE PAR L'ARRIÈRE, JEUNE HOMME!!
IL A UNE FAÇON TRÈS PERSONNELLE DE PRENDRE LE TRAM... (EN PLEINE POIRE!)
SA RENCONTRE AVEC UN AVION-ÉCOLE LUI OUVRIT, D'UN SEUL COUP, LE CRÂNE ET LES PAGES DU "LIVRE DES RECORDS"...
TILT
ÉCOLE D'AVIATION
UNE MOTO "PILOTÉE" PAR GAMELLE EST DONC CONDAMNÉE À TRÈS BREF DÉLAI...
SES BÉCANES FORMENT UN HIMALAYA DE FERRAILLE TORDUE...
82
1983
198
VOUS TOMBEZ À PIC, TRÈÈÈS CHERRR AMIII! LES NOUVEAUX MODÈLES VIENNENT D'ARRIVER...
MOTO
POUR LES MARCHANDS, IL EST PLUS QU'UN CLIENT. IL EST DEVENU UN VÉRITABLE REVENU, LE MARCHE-PIED VERS LES SOMMETS DE LA FORTUNE.
LE CHOIX EST DIFFICILE? PRENEZ-EN DEUX OU TROIS!.. COMME ÇA, VOUS POURREZ FINIR LA SEMAINE...
VOUS PRENEZ CELLE-CI? EXCELLENT CHOIX! (C'EST LA PLUS CHÈRE)...
the new SHIP of the ROAD
VOTRE CHÈQUE EST O.K.! PAAARFAIT!..
CETTE MOTO EST À VOUS!
LES FEMMES ET LES RATONS D'ABORD!
SAUVE QUI PEUT
FAUT S'TIRER!
KAÏÏÏ!
HELP!
Deptte 83

LE WHEELING, C'EST QUAND ON ROULE SUR LA ROUE ARRIÈRE, EN CABRANT LA BÉCANE. C'EST VACHEMENT UTILE POUR PASSER DES OBSTACLES EN TOUT TERRAIN... MAIS CEUX QUI ROULENT EN WHEELING SUR LA ROUTE C'EST RIEN QUE DES FRIMEURS, HÉ!
WILL ING, C'EST VRAIMENT LE FANA PUR JUS, INOXYDABLE DU WHEELING... PERSONNE L'A JAMAIS VU AVEC SA ROUE AVANT SUR LE SOL...
J'AI USÉ DES TAS DE BÉCANES, J'AI JAMAIS USÉ UN PNEU AVANT!
J'REFILE MA NOUVELLE PAIRE DE SANTIAGUES AU PREMIER QUI M'VOIT CREVER UN PNEU AVANT!
HÉ WILL! ESPLIQUE VOIR À NOTRE P'TIT COPAIN KIWI POURQUOI QUE T'ES TOUJOURS SUR L'ARRIÈRE!..
C'T'À CAUSE D'UNE VIEILLE MALÉDICTION D'ENFER QUI M'EST TOMBÉE SUR LE POIL À MA NAISSANCE!
ÉCOUTE BIEN, P'TIT GARS!
CET ENFANT SERA UN MOTARD FIRST CLASS, LE PRINCE DU WHEELING, L'EINSTEIN DE LA "ROUE ARRIÈRE"!
la bonne fée
HIC
Son époux, le bon fé
UN COUPLE DE FÉES S'PENCHA SUR MON BERCEAU...
MAIS... SI JAMAIS, IL POSE SA ROUE AVANT SUR LE SOL, IL SERA CHANGÉ EN...
LE FÉ, QU'EN AVAIT UN P'TIT COUP DANS L'PIF, AJOUTA UNE CONDITION, CECON...
... CHANGÉ EN AUTOMOBILISTE!
HOP ET HIC!
HORREUR! OH NOOON! PITIÉ!
WOUIIIN
COMPLÈTEMENT BARJE, CE MEC FÉ!...
CHANGÉ EN AUTOMOBILISTE. LA DÉCHÉANCE, QUOI!... T'IMAGINES, P'TIT, DEVENIR UN DE CES ABRUTIS ENFERMÉS DANS UNE CAISSE EN FERRAILLE POURRIE! C'EST L'HORREUR TOTALE!
MAIS COMMENT T'FAIS POUR T'ARRÊTER?
C'EST FASTOCHE! J'M'APPUIE CONTRE UN MUR, PREMIÈRE ENGAGÉE ET FREIN ARRIÈRE BLOQUÉ. J'PEUX MÊME M'ARRÊTER CONTRE UN SIMPLE POTEAU COMME ÇUI-LÀ!...
ADMIRE UN PEU LA MANOEUVRE!
ET MEEERDE!
PFFFFF

SALUT, LES P'TITS GARS !
SALUT, WILL ING ! T'AIMES TOUJOURS ROULER SUR LA ROUE ARRIÈRE ? T'AS JURÉ DE NE JAMAIS USER UN PNEU AVANT ?
J'AI UN NOUVEAU JOB, FAUT PAS QU' J'ARRIVE EN RETARD !
TU FAIS QUOI AU JUSTE ?
C'EST LÀ QUE J' BOSSE !
TOURISME
J'CONDUIS UN CAR DE TOURISME.
CONDUIRE UN CAR, C'EST PAS DUR. C'EST COMME UNE MOTO, EN PLUS GROS...
GAGA !
OCTOBUS
BROOOM
RAAACLE
BEN, J'CROIS QU'I' GARDERA PAS CE JOB LONGTEMPS

BEN, BILLY, KESKE T'AS FAIT À TA BICOQUE?
BILLY THE KICK
TU PARLES D'UN QUART DE BRIE!
C'EST PLUS CHEZ BILLY, C'EST CHEZ CYRANO!!
J'AI DÛ AGRANDIR MON GARAGE BECAUSE RECHERCHES TECHNIQUES!
¡¡¡¡¡¡
ÇA DOIT ÊTRE UNE NOUVELLE TECHNIQUE DE POINTE!
FERIEZ MIEUX DE M'AIDER À DÉPLACER CE BIDULE AU LIEU DE DÉBLOQUER!
PAS DE PANIQUE, Z'ALLEZ COMPRENDRE!
C'EST PAS BEAU, ÇA? LA PLUS LONGUE FOURCHE DE CHOPPER DU MONDE!!
POKETA POKETA PO
LA VACHE, C'EST LONG COMME LE PALMARÈS D'AGOSTINI!!
ALLEZ, ON VA LE TESTER SUR LA ROUTE!
CE CHOP VA FAIRE UN MALHEUR SUR LE MARCHÉ U.S.! T'VAS VOIR QUE CETTE FOURCHE IRA LOIN!..
BILLY, FAIS GAFFE!!
HÉ, BILLY! T'AS LE CHOPPER LE PLUS HAUT DU MONDE!
MAIS, LUI HÉ!...
FRÉDO, T'AS VU CE QUE J'AI VU!?!
OUAIS, TU DEVRAIS CESSER DE BOIRE!..

J'AI BIEN RÉFLÉCHI, J'PRÉFÈRE M'EN DÉBARRASSER !...
BILLY THE KICK
T'ES SÛR QUE TU L'REGRETTERAS PAS, BILLY ?
ZZZZ
ALLEZ HOP ! C'EST DÉCIDÉ. JE BAZARDE !
BEN, T'AS PLUS QU'À TROUVER L'AMATEUR, C'EST TOUT D'MÊME SPÉCIAL...
À VENDRE
2 HEURES PLUS TARD...
Z'ÊTES INTÉRESSÉ ?...
J'SENS QUE MONSIEUR EST LE VRAI CONNAISSEUR !...
ME TROMPÉ-JE ?
NON !
À VENDRE
C'EST BEAU ÇA, HEIN ? Z'AVEZ REMARQUÉ CETTE FOURCHE, LÀ ? ET LES COULEURS ? SPÉCIALES, NON ?
Z'HABITEZ LA CAMPAGNE ?
BEN ALORS, C'EST L'IDÉAL !
VOS ENFANTS, VOS P'TITS ENFANTS VONT EN PROFITER UN MAXE ! C'EST LA JOIE POUR TOUTE UNE FAMILLE, ÇA !...
À C'PRIX-LÀ, TOUTE HÉSITATION EST CRIMINELLE !
ALLEZ, QUOI !!
HOP !
LE COMPTE Y EST, MERCI, VIEUX !
PERMETTEZ-MOI D'ÊTRE LE PREMIER À VOUS FÉLICITER POUR CETTE AUBAINE...
J'VOUS L'EMBALLE PAS, J'MANQUE DE VIEUX JOURNAUX ! HA HA HA !...
Z'ÊTES UN RIGOLO, VOUS ALORS...
VENDU
VOUS FAITES UNE AFFAIRE, ALLEZ ! DES BEAUX PIGNOUFIERS COMME ÇA, ON N'EN TROUVE PLUS...
ALLEZ, CIAO !
VENDU

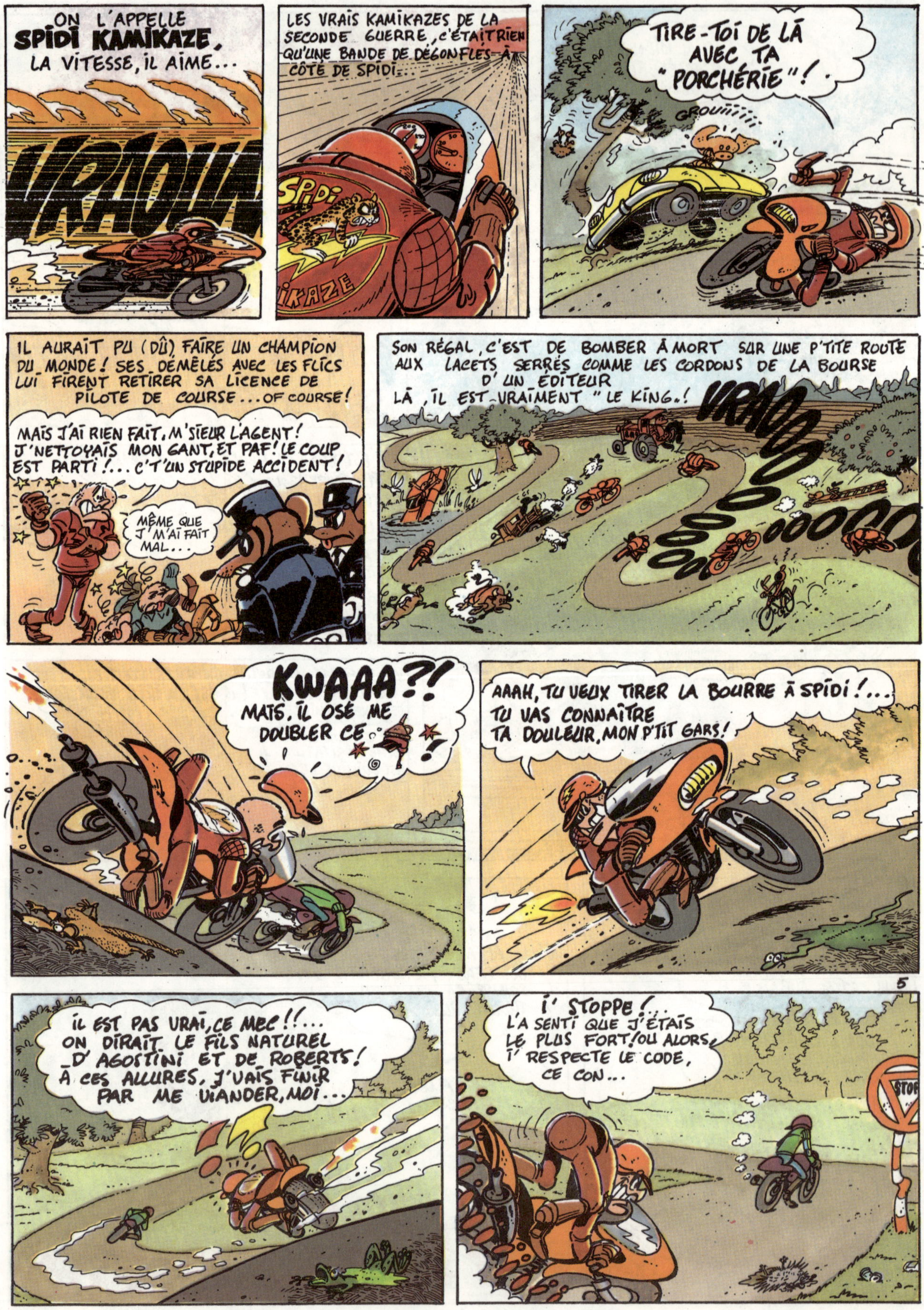
ON L'APPELLE SPIDI KAMIKAZE. LA VITESSE, IL AIME...
VRAOUM
LES VRAIS KAMIKAZES DE LA SECONDE GUERRE, C'ÉTAIT RIEN QU'UNE BANDE DE DÉGONFLÉS À CÔTÉ DE SPIDI...
TIRE-TOI DE LÀ AVEC TA "PORCHÉRIE"!
GROUiiiii
IL AURAIT PU (DÛ) FAIRE UN CHAMPION DU MONDE! SES DÉMÊLÉS AVEC LES FLICS LUI FIRENT RETIRER SA LICENCE DE PILOTE DE COURSE... OF COURSE!
MAIS J'AI RIEN FAIT, M'SIEUR L'AGENT! J'NETTOYAIS MON GANT, ET PAF! LE COUP EST PARTI!... C'T'UN STUPIDE ACCIDENT!
MÊME QUE J'M'AI FAIT MAL...
SON RÉGAL, C'EST DE BOMBER À MORT SUR UNE P'TITE ROUTE AUX LACETS SERRÉS COMME LES CORDONS DE LA BOURSE D'UN ÉDITEUR. LÀ, IL EST VRAIMENT "LE KING"!
VRAOOOOOOOOOOO
KWAAA?!
MAIS, IL OSÉ ME DOUBLER CE
AAAH, TU VEUX TIRER LA BOURRE À SPIDI!... TU VAS CONNAÎTRE TA DOULEUR, MON P'TIT GARS!
5
IL EST PAS VRAI, CE MEC!!... ON DIRAIT LE FILS NATUREL D'AGOSTINI ET DE ROBERTS! À CES ALLURES, J'VAIS FINIR PAR ME VIANDER, MOI...
I' STOPPE!... L'A SENTI QUE J'ÉTAIS LE PLUS FORT! OU ALORS, I' RESPECTE LE CODE, CE CON...
STOP

SALUT, P'TIT GARS! DOMMAGE QUE J'A DÛ M'ARRÊTER POUR RENOUER LES LACETS DE MES SANTIAGUES, ON AURAIT PU S'TIRER UNE P'TITE BOURRE...
TAP!
JE SUIS VÉRITABLEMENT CONFUSE, JE N'AURAIS PAS DÛ VOUS DÉPASSER DANS CE VIRAGE. C'ÉTAIT PUÉRIL DE MA PART... JE VOUS PRIE D'ACCEPTER MES HUMBLES EXCUSES...
HEIN!? MAIS COMMENT QU'A CAUSE!?
C'EST VRAIMENT IMPARDONNABLE DE LA PART D'UNE ANCIENNE INSTITUTRICE, MAIS J'AVOUE QUE LE DÉMON DE LA VITESSE A QUELQUE EMPRISE SUR MON COMPORTEMENT À MOTO!
VOUS N'ÊTES PAS SANS L'AVOIR REMARQUÉ, HIHIHI!...
BEN...
JE ME PRÉSENTE: AGLAÉ FAUCHELEVENT, ENSEIGNANTE HONORAIRE, PASSIONNÉE DE MÉCANIQUE ET DE MOTOCYCLETTE.
J'CAUCHEMARDE!
DITES, VOTRE TASSE, LÀ, C'EST RIEN QU'UNE DEUX PATTES 125, COMMENT QU'A PEUT ROULER SI VITE?! AVEC MA MEULE, POIGNÉE DANS LE COIN, J'POUVAIS PAS LUI FILER LE TRAIN!...
J'AVOUE AVOIR UN TANT SOIT PEU MODIFIÉ CETTE MÉCANIQUE: CULASSE RABOTÉE, SUSPENSIONS RÉÉTUDIÉES, CARBURATION MODIFIÉE! VOUS ALLEZ ME TROUVER OUTRECUIDANTE, SI, SI, MAIS JE TROUVE VOTRE MACHINE TROP LOURDE.
...CE QUI EXPLIQUE VOTRE HANDICAP EN VIRAGE! VOUS NE M'EN VOULEZ PAS, MONSIEUR... MONSIEUR?...
SPIDI KAMIKAZE, C'EST MON BLAZE!
VOUS ÊTES ÉTRANGER! VOILÀ DONC POURQUOI J'AI QUELQUE MAL À CERNER LE CONTENU SÉMANTIQUE DE VOTRE LANGAGE, SI COLORÉ PAR AILLEURS...
BEN... OUAIS!..?!..
ENFIN... NON! HA... CHAIS PLUS MOI!..
6
MAIS JE BAVARDE, JE PAPOTE ET MA CHÈRE MAMAN VA S'INQUIÉTER. ELLE EST PARTIE EN AVANT SUR SON DRAGSTER!...
SOYEZ PRUDENT, CHER MONSIEUR KAMÉGAZ, LES ROUTES SONT INFESTÉES D'INCONSCIENTS!
OUAIS, M'DAME!
MADEMOISELLE! JE VOUS PRIE...
MAMAN! C'EST TROP TOO MUCH!
Degotte

HÉ! MAIS C'EST CE VIEUX GAMELLE !
ALORS, FILS, T'ES ENFIN SORTI DE L'HOSTO ?
SACRÉ GAMELLE, C'EST LE CHAMPION DE LA CHUTE TOUTES CATÉGORIES ! I' PASSE PLUS DE TEMPS ASSIS SUR LA ROUTE QUE SUR SA MACHINE...
J'ME SENS TOUT LÉGER SANS MES TRENTE KILOS DE PLÂTRE !
T'AS JAMAIS PENSÉ À INSTALLER DES P'TITES ROULETTES SUR LES CÔTÉS DE TA MACHINE ?
ET ÇA, C'EST UN NOUVEAU MODÈLE DE CASQUE OU UNE MOUMOUTE EN PANSEMENT ?
VOUS TOMBEZ BIEN, LES GARS...
MAMAN
CHARRIEZ PAS, J'ALLAIS JUSTE ESSAYER MA NOUVELLE BÉCANE !
ADMIREZ LA BÊTE...
T'AS PRIS UNE "TADBOULON", T'AS RAISON, C'EST VACHEMENT STABLE CETTE MEULE !
ÇA COLLE À LA ROUTE COMME UN CHOUIMGOMME !
J'TE PARIE QU'IL VA ENCORE FAIRE DES PROGRÈS !
ÇA, C'EST GARANTI SUR FRACTURES... YAK ! YAK ! YAK !
Z'ÊTES CONS. ALLEZ, CIAO, LES RIGOLOS !
POUT POUT
C'EST VRAIMENT LUI LE PLUS FORT ! I' PARVIENT À S'PLANTER AVANT DE DÉMARRER !
ET MEEERDE !
Degotte
13

HÉ, LES MECS ! V'LÀ "LA FRIME" AVEC SA NOUVELLE "KAWABIENKWI" !!
ADMIREZ, VOLAILLE ! LE TOUT DERNIER CRI DE LA TECHNOSE NIPONNE !
ON TOUCHE SEULEMENT AVEC LES YEUX !
LA VACHE ! C'EST BEAU COMME UNE CONTREDANSE ANNULÉE !!
ON ADMIRE EN SILENCE !
* LA CHEVAUCHÉE DE LA VACHE QUI RIT (RICHARD WAGNER)
AFFICHAGE DIGITAL DE LA TEMPÉRATURE DE LA SELLE...
T'AS VU LE TABLEAU DE BORD ?! À CÔTÉ DE ÇA, LE TABLEAU D'UN BOEING 747 RESSEMBLE À CELUI D'UN CERF-VOLANT...
DÉTECTEUR DE VERGLAS...
ALLUME-CIGARES À 3 VITESSES...
MAMAN ! C'EST TOO MUCH !
MORDS-MOI, JE RÊVE !!
C'EST HELL QUE J'AIME
ALLONS, ON SE CALME ! ON RESPIRE LENTEMENT, BIEN À FOND, ET ON SE CALME PASQUE JE VOUS AI PAS ENCORE MONTRÉ LE PLUS CHOUETTE !!
BONG BONG BONG
CETTE MEULE EST ÉQUIPÉE D'UN ORDINATEUR DE BORD QUI VEILLE À TOUT ET VOUS PRÉVIENT DES RISQUES D'AVAROS POSSIBLES GRÂCE À UN SYNTHÉ VOCAL !
OUVREZ GRAND VOS PORTUGAISES, LES P'TITS GARS !...
C'EST
ATTENTION !! LA PRESSION DU PNEU AVANT EST À CONTRÔLER !
IL NE VOUS RESTE QUE 531cc DE CARBURANT !
PRÉVOYEZ LA VIDANGE MOTEUR DANS 324,7 KM.
...ET VOTRE BRAGU EST OUVERTE !!
GÉNIAL !!
DIS DONC, LAFRIME, ÇA DOIT COÛTER CHAUD UN ENGIN PAREIL...
DISONS QUE TON ARGENT DE POCHE DES TROIS PROCHAINS SIÈCLES SUFFIRAIENT, PEUT-ÊTRE À PAYER LE BOUCHON DU RÉSERVOIR... PUFF PUFF...
C'EST PAS LA BÉCANE À N'IMPORTE QUI ÇA, MES POUSSINS !...
ATTENTION ! MESSAGE IMPORTANT !
CETTE MOTO NE DÉMARRERA PLUS TANT QUE VOUS N'AUREZ PAS PAYÉ VOS TROIS DERNIÈRES TRAITES EN RETARD !
WOUAAAH ! OH LUI HÉ ! BONJOUR LA HONTE !
DERNIÈRE SOMMATION AVANT SAISIE !
Degotte 83.

ATTENTION! INDIVIDUS SUSPECTS À PROXIMITÉ...
I'COMMENCE À ME GONFLER LAFRIME AVEC SON SYNTHÉ VOCAL!!!
J'VAS LUI FAIRE VOIR QUE MOI AUSSI, SI QUE JE VOUDRAIS, JE POURRAIS AVOIR UNE MOTO QUI CAUSE!...
MAX ÉLAÏ FERRAILLEUR
KAÏ!!!
SALUT, MAX! T'AURAIS PAS UN SYNTHÉ VOCAL DANS TON FOURBI DE PIÈCES DE RÉCUPE?
BEN, I'FAUDRAIT LES TRIER (DE CHEVAL) HIHIHIII!...
SI VOUS VOULEZ JOUER AU FERRAILLEUR, ALLEZ LE FAIRE AILLEURS!
ÇA, C'ÉTAIT UNE "CHÈVRE AU LAIT". FLAMBANT NEUVE. LE TYPE A CRÂMÉ AVEC!..
QUE JE SOIS DAMNÉ SI JUMENT!
LE COMPUTEUR ET LE SYNTHÉ ONT PAS L'AIR D'AVOIR TROP MORFLÉ...
CHEVAL DIRE, JE CROIS QU'A N'A SONT... PAS TROP ABÎMÉS!
MERCI, BILLY! J'VAS M'OFFRIR UNE VESTE À GARROT, JE TROUVE ÇA BEAU! (DE CHEVAL) HIIIII!
CIAO!
JOURS LATER
ALORS, P'TITE TÊTE DE PIAF, PARAÎT QUE TU SYNTHÉTISES COMME UNE BÊTE?...
SALUT, LAFRIME! T'AS PLUS L'EXCLUSIVITÉ. J'VOUS PRÉSENTE LE PREMIER SCOOTER À SYNTHÉ VOCAL!
ÉCOUTEZ-ÇA, LES MECS!
DÉMARRAGE IMPOSSIBLE : CEINTURE NON BOUCLÉE! PORTIÈRES NON VERROUILLÉES! MALLE ARRIÈRE OUVERTE!
OH NOOON!

ALORS, BILLY, PARAÎT QU'T'AS UN NOUVEAU SYNTHÉ VOCAL, VACHEMENT PERFECTIONNÉ...
AH, M'EN PARLEZ PAS!
ATTENTION... POUR ARRÊT, PASSEZ POINT MORT...
JAMAIS ENTENDU UN SYNTHÉ AUSSI BAVARD! I'CAUSE, I'CAUSE, QUE C'EST SOÛLANT!...
VOUS ÊTES À L'ARRÊT...
COUPEZ CONTACT...
FERMEZ ROBINET ESSENCE...
SORTEZ BÉQUILLE...
I'N'ARRÊTE PAS D'FAIRE DES REMARQUES ET DES OBSERVATIONS!...
J'LE HAIS!
I'COMMENCE À M'GONFLER UN MAXE!
BEAU TEMPS, AUJOURD'HUI...
ATTENTION... VOUS ROULEZ SANS CASQUE...
ET CHEZ VOUS, ÇA VA?...
LA FERME!!? TU VAS LA BOUCLER UN PEU, DIS!?
RHAAA! I'M'TAPE SUR LE SYSTÈME!
BONG
BONG
ATTENTION... VIBRATIONS ANORMALES DU RÉSERVOIR... VÉRIFIEZ ATTACHES DE FIXATION DU RÉSERVOIR...
DINGUE! J'VAIS VIRER DINGUE!...
...ET PROFITEZ-EN POUR FAIRE LE PLEIN...
BEN, POURQUOI QUE TU LE DÉMONTES PAS, TON FOUTU SYNTHÉ?...
IMPOSSIBLE! C'EST UN SYSTÈME ENCASTRÉ, INDÉMONTABLE, SPÉCIAL POUR EMPÊCHER L'VOL!...
MAIS J'AI UNE IDÉE!
...FAUDRAIT FAIRE RESSEMELER VOS BOTTES...
TU VEUX VRAIMENT QUE J'COMPRESSE TA BÉCANE?!...
OUAIS, VAS-Y! J'VEUX AVOIR LE DERNIER MOT!...
36
ATTENTION... CONCENTRATION ANORMALE DE MÉTAL AUTOUR DE VOTRE MOTO!...
Degotte

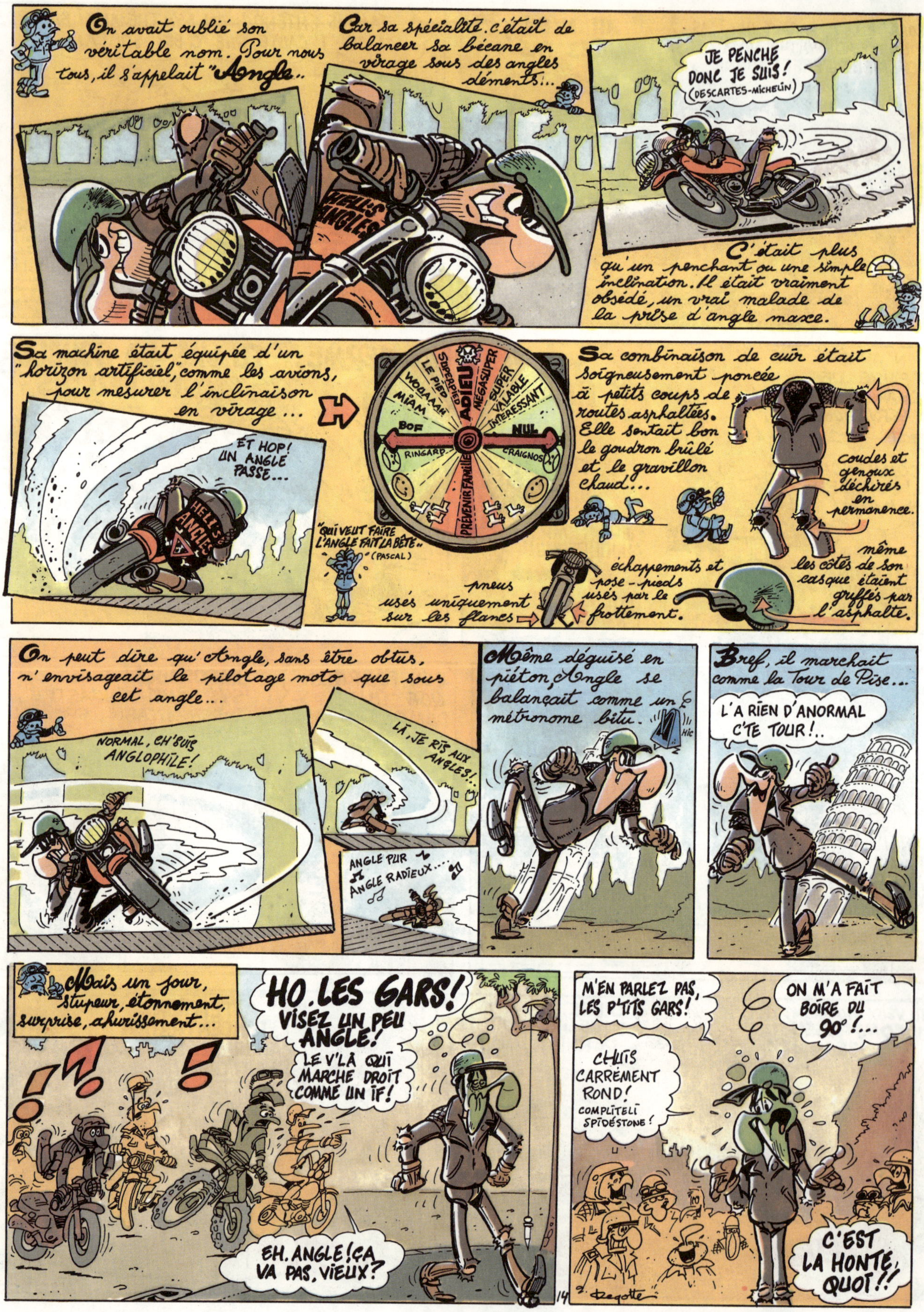
On avait oublié son véritable nom. Pour nous tous, il s'appelait "Angle"..
Car sa spécialité c'était de balancer sa bécane en virage sous des angles déments...
JE PENCHE DONC JE SUIS! (DESCARTES-MICHELIN)
C'était plus qu'un penchant ou une simple inclinaison. Il était vraiment obsédé, un vrai malade de la prise d'angle maxe.
Sa machine était équipée d'un "horizon artificiel", comme les avions, pour mesurer l'inclinaison en virage...
ET HOP! UN ANGLE PASSÉ...
BOF
MIAM
WOAAAH
LE PIED
SUPERPIED
ADIEU
MÉGASUPER
SUPER
VALABLE
INTÉRESSANT
NUL
CRAIGNOS
RINGARD
PRÉVENIR FAMILLE
"QUI VEUT FAIRE L'ANGLE FAIT LA BÊTE" (PASCAL)
Sa combinaison de cuir était soigneusement poncée à petits coups de routes asphaltées. Elle sentait bon le goudron brûlé et le gravillon chaud...
coudes et genoux déchirés en permanence.
pneus usés uniquement sur les flancs
échappements et pose-pieds usés par le frottement.
même les côtés de son casque étaient griffés par l'asphalte.
On peut dire qu'Angle, sans être obtus, n'envisageait le pilotage moto que sous cet angle...
NORMAL, CH'SUIS ANGLOPHILE!
LÀ, JE RIS AUX ANGLES!
ANGLE PUR ANGLE RADIEUX...
Même déguisé en piéton, Angle se balançait comme un métronome bitu...
HIC
Bref, il marchait comme la Tour de Pise...
L'A RIEN D'ANORMAL C'TE TOUR!..
Mais un jour, stupeur, étonnement, surprise, ahurissement...
HO. LES GARS! VISEZ UN PEU ANGLE!
LE V'LÀ QUI MARCHE DROIT COMME UN IF!
EH, ANGLE! ÇA VA PAS, VIEUX?
M'EN PARLEZ PAS, LES P'TITS GARS!
ON M'A FAIT BOIRE DU 90°!...
CH'UIS CARRÉMENT ROND! COMPLITELI SPIDÉSTONE!
C'EST LA HONTE, QUOI?!!

VOTRE FAÇON DE PILOTER NOUS INTÉRESSE, MONSIEUR ANGLE ! SIGNEZ ICI, JE VOUS PRIE...
hebdo LE FOUINEUR DÉVOILE TOUT!
HELL'S ANGLES
CONTRAT
OUAIS. HÉ! LES MECS! CHUIS SPONSORISÉ !!
ÇA FAIT MAL ?
ÇA SE SOIGNE ?
KAÏ!
SPON-SO-RI-SÉ, HÉ, TRUFFES! ÇA VEUT DIRE QU'ON M'PAIE POUR COLLER UNE PUB SUR MA BÉCANE...
BIN, POURQUOI TOI ?...
...PASKE, EN COURSE, PERSONNE NE BALANCE PLUS QUE MOI SA BÉCANE DANS LES VIRAGES...
LE FOUINEUR DÉVOILE TOUT!
OUAIS! GÉANT!
RAAACLE
MAIS, PLUS TARD...
DÉSOLÉ, NOUS AVONS TROUVÉ MIEUX QUE VOUS POUR NOTRE CAMPAGNE PUBLICITAIRE.
QUI ÇA ?... GAMELLE ?!! MAIS, I'PILOTE COMME UNE MERGUEZ !!...
LE FOUINEUR
ALORS, MINABLE, I'PARAÎT QU'TU M'REMPLACES ? PAS POUR LONGTEMPS, T'VAS T'VIANDER DANS L'PREMIER VIRAGE !...
ATTENTION AU DÉPART
ANGLE FACE
ÇA Y EST, LES MECS! GAMELLE VA S'METTRE SUR LE TOIT ! BONJOUR, L'ASPHALTE !
MAMAN!
30
ALORS, C'EST PAS BEAU, ÇA ? QUEL IMPACT !
LE FOUINEUR DÉVOILE TOUT
...TOUT SUR TOUT !
LISEZ LE FOUINEUR LE CHIC DES PHOTOS LE POIDS DES MOTOS
Degotte

SALUT, NAZE! KÈSKI T'ARRIVE? TE V'LÀ ENCORE EN PANNE?...
BEN,.. CHAIS PAS SKI S'PASSE! J'PERDS TELLEMENT D'HUILE QU'ON M'APPELLE "LA MOTOCADIZ..!
C'EST PAS UNE BIELLE COULÉE. UNE BIELLE, ÇA COULERAIT PAS SI FORT!
ÇA, C'EST LE JOINT DE CARTER QUI NE JOINTDECARTÉRISE PLUS!
C'EST HELL QUE J'AIME
T'ES VRAIMENT TROP NÉGLIGENT, NAZE! TA BÉCANE EST VRAIMENT SUPER CRAIGNOS TOTALE! C'EST RIEN QU'UN TAS DE BOUE DÉGUEU! TU L'ENTRETIENS JAMAIS!
T'AS VU TA CHAÎNE QUI PENDOUILLE DANS SA ROUILLE?
C'EST SYMPA CE NID DE SOURIS DANS LA SELLE, ÇA FAIT ÉCOLO!
ET LE VERRE DE TON PHARE, QU'EST CASSÉ!
TON RÉSERVOIR EST VRAIMENT BIDON!
OH, C'PAS GRAVE! I'MARCHE QUAND MÊME PLUS!
LA BATTERIE EST EN DANGER!
ET TES BOUGIES SONT NAZES, NAZE!
MOI, CHAIS C'QU'ON VA FAIRE!
'COUTE! PASQU'ON T'AIME BIEN, NAZE, ON VA TE LA RETAPER TA BÉCANE MAIS T'VAS NOUS PROMETTRE D'L'ENTRETENIR AU PETIT POIL D'AC?
WOUAIS! SUPER!!
6 JOURS AFTER
OUF! TOUT EST NICKEL! TU PARLES D'UN BOULOT D'ENFER!
Z'ÊTES RIEN CHOUETTES, LES COPAINS!
OUCH! MA S'MELLE!! MES BR'TELLES!!! MON CASQUE!!!!
ET MEEERDE!!!
KABONG!
Degotte

T'VEUX NOUS ACCOMPAGNER EN BALADE? T'Y PENSES PAS, MON VIEUX ROADIE ?! PAS AVEC TON TAS DE FERRAILLE DE 300 KILOS! C'EST JUSTE BON POUR LES AUTOROUTES, TON CAMION...
FILE-NOUS L' TRAIN SI T'Y TIENS, MAIS FAIS GAFFE À PAS QUITTER L' SENTIER SI TU VEUX PAS T'VIANDER AUSSI SEC!...
L'EST TOUT FOU, ROADY, D'AMENER SON BAHUT EN PLEINE CAMBROUSSE! I'VIRE ÉCOLO, OU QUOI ?
KAÏ
KAÏ
KAÏ
ROADIE PASSER LA MARE ? LÀ, J'ME MARRE!
KAÏ
KAÏ
FAUDRAIT ALLER VOIR SI S'EST PAS PLANTÉ DANS LA FLOTTE...
KAÏ
KAÏ
KAÏ
KAÏ
LÀ! SES TRACES QU'ENTRENT DANS LA BAILLE... ET SA CASQUETTE QUI FLOTTE!!
MEEERDE! L'A COULÉ AVEC SON CAMION!
ALORS, LES RIGOLOS, ON S'RAFRAÎCHIT LES IDÉES ?...
ROADIE!
CH'PIGE PAS! C'EST POURTANT TES TRACES QU'ENTRENT DANS LA FLOTTE! OÙ QU'ELLE EST, TA BÉCANE ?!
Z'ALLEZ COMPRENDRE...
...MON CAMION À MOI, IL A UNE MARCHE ARRIÈRE...
TCHAO, LES TÊTARDS!
KAÏ

(+) AUF WIEDERSEHEN.

JE LA HAIS! ...UN PEU!... BEAUCOUP!...
BEN, SKINETTE, KESSTA?
PASSIONNÉMENT!...
'Y A UN TARÉ QUI M'A PIQUÉ MA SOURIS! ÇA M'FOUT LA HAINE!...
À LA FOLIE!...
J'VAIS UN PEU LE TUER, CE MEC! L'ÉPARPILLER!... LE DISSOUDRE!...
FUTURE
SAINT BASTON
ALLONS, VIEUX, KIIIP COULE!
J'VAIS ME L'MANGER!... L'EFFACER!... LE VAPORISER!...
FAIS PAS L'CON, SKINETTE!
SPRATCH!
PEACE
ÇA MÈNE À RIEN, LA HAINE ET LA VIOLENCE! SI TU TOUCHES À ÇA, T'ES L'PREMIER DÉTRUIT!...
KAIII!
TIENS, TU D'VRAIS T'ACHETER UNE BÉCANE! QUAND TU ROULES EN BÉCANE, T'OUBLIES TOUT! J'T'ASSURE, ÇA RELAXE UN MAXE!
NO FUTURE
SAINT BASTON
T'AS RAISON, J'VAIS JUSTE DÉTRUIRE LES HAINEUX ET LES VIOLENTS... ET PIQUER UNE BÉCANE!
CHOC, SUPER LÉGER, PLUTÔT UNE CARESSE...
OH, PARDON! MILLE EXCUSES, MON P'TIT GARS!
TCHIN
ÇA VA PAS L'ATHLÈTE?...
ÇA ME FOUT LES GLANDES QU'ON TOUCHE À MA BÉCANE! J'VAIS T'ÉCLATER LA TRONCHE, HÉ, DÉBILE!!!
HAAA! ÇA FAIT DU BIEN À ENTENDRE!
MÉÉÉÉÉÉÉH!
BOM!
KABONG!
Degotte

CHARRIEZ-MOI PAS!, ON M'A ENCORE PIQUÉ MA MEULE! C'EST LA 13e CETTE ANNÉE! POURVU QUE ÇA M'PORTE PAS LA POISSE...
HE, NAZE! T'AS ENCORE CHANGÉ D'CYLINDRÉE?...
BILLY THE KICK
C'EST TA FAUTE, HÉ, POMME! ÇA T'ARRIVERAIT PAS, SI T'AVAIS UN SYSTÈME ANTIVOL SÉRIEUX! MOI, MON CHOPPER, PERSONNE IL ARRIVERAIT À ME LE FAUCHER!
C'LUI QU'EST ASSEZ MARLE POUR ME L'GAULER, J'LUI OFFRE L'INTÉGRO QUI VA AVEC!...
QUEL CRÂNEUR, C'BILLY! I'MÉRITERAIT QU'ON LUI CHOURAVE SON TCHOPE!
BEN, S'TU VEUX, C'EST L'MOMENT! IL A LAISSÉ LA CLÉ D'SSUS!...
CIEL! AU VOL! AU LARCIN!
KESKI RACONTE BILLY? L'EST PAS DUR À CHOPER, SON CHOPPER!
MAIS!? I'VOLE POUR DE VRAI!...
MAIS!? C'EST DANGEREUX, ÇA!
BABOOM
ALORS, KESS T'EN PENSE D'MON SYSTÈME ANTIVOL PAR BLOCAGE-SURPRISE D'LA ROUE AVANT?...
IMPEC, MEC! LÀ, J'DIS BRAVO! T'ES VRAIMENT L'PLUS BALÈZE...
ET MAINT'NANT, J'CROIS QUE J'VAIS M'ÉVANOUIR UN PEU...

JE SUIS INQUIÈTE, DOCTEUR! VOILÀ CINQ JOURS QUE MONSIEUR GAMELLE A QUITTÉ L'HÔPITAL, ET ON NE L'A PAS ENCORE REVU...
CRÉMATOIRE
ADMISSIONS
VISITEURS
HÔPITAL
URGENCES
POURVU QU'IL NE LUI SOIT PAS RIEN ARRIVÉ!...
BAH!... IL EST PEUT-ÊTRE SIMPLEMENT MALADE...
ET, MOI, QUI LUI AVAIS PRÉPARÉ UNE SURPRISE POUR FÊTER SON 30e ACCIDENT DE L'ANNÉE!...
C'EST QUOI, CETTE SURPRISE?
OH, QUE C'EST JOLI!
QUELLE DÉLICATE ATTENTION!
PAR BONHEUR, AU MÊME MOMENT... GAMELLE PREND CONTACT AVEC UNE NOUVELLE VICTIME.
MEUH!
KABONG
STOP
RUDEMENT CONTENT DE VOUS REVOIR, M'SIEUR GAMELLE!
AMBULANCE
SURPRISE! SURPRISE!
UN CHARIOT À DEUX ROUES!! GÉANT!!
PNEUS Q 81-, AMORTOS MARZOKI, CADRE AIGLI: UNE VRAIE TECHNIQUE DE COURSE!...
PLANANT!
ANALYSES
¡¡¡¡¡¡¡¡¡¡
YAHOUUUUUU
WOUAIS! C'EST VRAIMENT L' PIED!
MEUH!
ENCORE LUI!... C'EST UNE MANIE...
CHIRURGIE
OHO!
KABONG!
AH, C'EST LE PIED? MOI, C'EST LES BRAS!
BING!
PAF!
BONG!

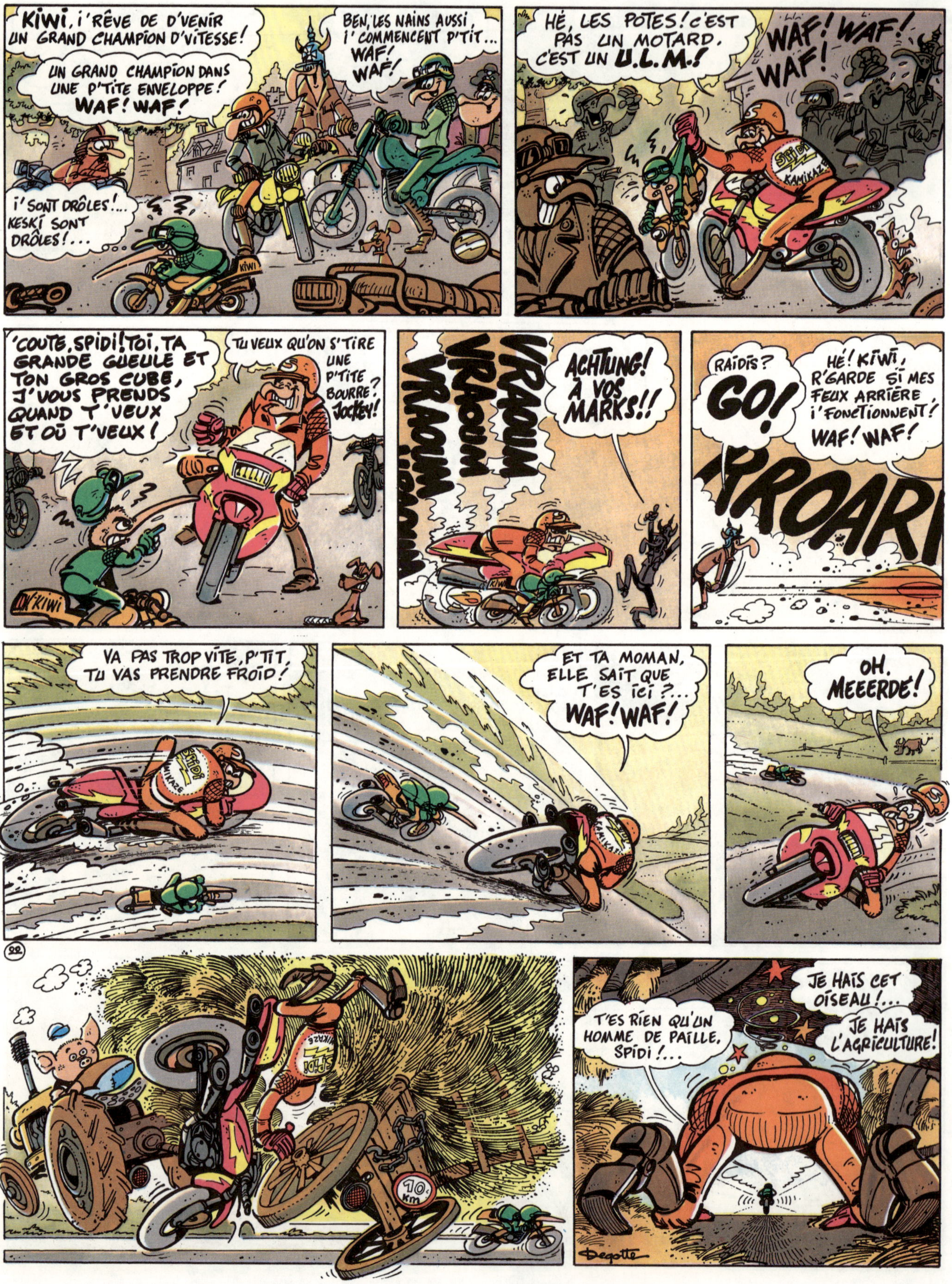
KIWI, I'RÊVE DE D'VENIR UN GRAND CHAMPION D'VITESSE!
UN GRAND CHAMPION DANS UNE P'TITE ENVELOPPE! WAF! WAF!
BEN, LES NAINS AUSSI, I' COMMENCENT P'TIT... WAF! WAF!
I' SONT DRÔLES!... KESKI SONT DRÔLES!...
KIWI
HÉ, LES POTES! C'EST PAS UN MOTARD, C'EST UN U.L.M.!
WAF! WAF! WAF!
SPIDI KAMIKAZ
'COUTE, SPIDI! TOI, TA GRANDE GUEULE ET TON GROS CUBE, J'VOUS PRENDS QUAND T'VEUX ET OÙ T'VEUX!
TU VEUX QU'ON S'TIRE UNE P'TITE BOURRE? JOCKEY!
KIWI
VRAOUM VRAOUM VRAOUM
ACHTUNG! À VOS MARKS!!
RAIDIS? GO!
HÉ! KIWI, R'GARDE SI MES FEUX ARRIÈRE I'FONCTIONNENT! WAF! WAF!
VROAR!
VA PAS TROP VITE, P'TIT, TU VAS PRENDRE FROID!
ET TA MOMAN, ELLE SAIT QUE T'ES ICI?... WAF! WAF!
OH, MEEERDE!
10 KM
T'ES RIEN QU'UN HOMME DE PAILLE, SPIDI!...
JE HAIS CET OISEAU!... JE HAIS L'AGRICULTURE!
Degotte

POUR SPIDI, VRAI DINGUE DE VITESSES SUPERSONIQUES, IL EXISTE UN PROBLÈME VACHEMENT PRÉOCCUPANT...
VROOARR
C'EST LE FREINAGE !
BOM
J'AI UNE IDÉE SUPER VALABLE !
PLUS TARD...
ÇA Y EST ! J'AI THE SOLUTION !
ADMIREZ LA MANOEUVRE !
POP !
V'LÀ UN FREINAGE VACHEMENT FIABLE !
AVEC, EN PRIME, UN LOOK DU TONNERRE !
KLAK !
BOOM
TRANSPORTS RAPIDES
C'ÉTAIT PAS UNE BONNE IDÉE...

TIENS, V'LÀ JOÉ !
SALUT, JOÉ !
L'A PAS L'AIR HEUREUX, JOÉ !
KESS, T'AS, JOÉ ?
TILT
'Y A QUE 'Y A UN MEC AU VOLANT QUI M'A INSULTÉ, LÀ, AU FEU ROUGE !
PRENDS UNE MOUSSE ET ESPLIQUE, JOÉ.
BON, JE NARRE... CHUIS COINCÉ DERRIÈRE UNE BAGNOLE DE MINET, DANS LA P'TITE RUE "SEPT ET TROIS", LE FEU ROUGE D'VIENT VERT... ALORS, J'AVERTIS GENTIMENT...
KESS T'ATTENDS, BEN HUR ? KSA MÛRISSE ?
!
L'ABRUTI BOUGE PAS D'UN POIL AVEC SA CAISSE POURRIE, 'VIDEMMENT, L'VERT PASSE AU ROUGE ! LA VRAIE PROVOQUE, QUOI !... MAIS MOI, COOL, J'RESTE KORRECT...
BEN, KWA ? TU T'INSTALLES ? T'ACHÈTES DU TERRAIN ?...
CALÉ... NOYÉ...
L'ROUGE, I'RED'VIENT VERT ! L'IMMONDE FAIT SEMBLANT D'TRIPOTER SON DÉMARREUR ENRHUMÉ...
HÉ, L'DALTONIEN, LA COULEUR T'PLAIT PAS ? J'TE PRÉVIENS, PLUS VERT, TU TROUVERAS PAS !
?
KRRRRRR KRRRRRR POK POK
NATURLICH, L'VERT PASSE ROUGE ! L'AUTRE, LÀ, I'FAIT TOUJOURS PARTIE DU DÉCOR...
ALORS KWA ? TU BOUGES, ROAD RUNNER ? TU VAS T'AFFOLER UN PEU ?...
ALORS, PAS CROYABLE, IL OSE RÉPLIQUER CE MAL POLI. V'SAVEZ SKI M'DIT ?...
OH, VOUS, LES MOTARDS, VOUS CONDUISEZ TOUS COMME DES COW-BOYS !
LÀ, I'M'A VRAIMENT GONFLÉ, MAIS J'AI DOMINÉ LA SITUATION ET CHUIS PASSÉ PAR-DESSUS SA PROVOCATION...
DE LA PART DU COBOÏE !!
RUE 7&3
KAÏÏ !
KABLONG
ME TRAITER DE COBOÏE, MOI !
BEN, ELLE EST SÉVÈRE, CELLE-LÀ !!
?
ALLEZ, JOÉ, CALME-TOI, ON VA FAIRE UNE P'TITE VIRÉE.
COBOÏE !...
MAIS OÙ I'VA CHERCHER ÇA C'T EMPAQUETÉ !
BOF, LES MECS AU VOLANT, C'EST TOUS DES DÉBILES ! I'DISENT VRAIMENT N'IMPORTE QUOI...
KICK KICK
10
Degotte

HÉ, BILLY! TU M' PRÊTES TON SIDE POUR BALADER CE VIEUX GAMELLE ET SA PATTE FOLLE ?
J'VOUS PRÉVIENS, MON SIDE EST PAS TRÈS CONFORTABLE. C'EST LE GENRE "BRISEUR D'OS"!
UNE HEURE APRÈS...
TON SIDE, J' LUI R'PROCHE PAS DE BRISER LES OS! J'LUI R'PROCHE DE LES RÉDUIRE EN POUDRE...
BON, J'VAS T'EN BRICOLER UN AUTRE PLUS CONFORTABLE!
PLUS TARD...
ALORS, C'EST PAS DU VELOURS, CE NOUVEAU SIDE? PLUS DOUILLET, VOUS TROUVEREZ PAS!
MMMMM... MÉGASUPER!
T'ES CONFORTABLE VIEILLE NOIX?
UN VRAI NUAGE! C'EST VRAIMENT LE PIED BLEU!
STOP
ET LE STOP?! IL EST LÀ POUR FAIRE JOLI?...
STOP
VOUS, LÀ, L'AHURI! VOUS SAVEZ COMMENT VOUS CONDUISEZ?...
ALLEZ-Y, DITES-LE! JE SENS QUE ÇA VOUS FERAIT PLAISIR!
i'PARAÎT QUE J'CONDUIS COMME UNE SAVATE!... QU'EST-CE QUE TU DIS D'ÇA?...
MARRE, AAAH...
BIN, RÉPONDS, AU LIEU DE T'ÉVANOUIR BÊTEMENT!
The Sweet Slipper
Degotte

Ô MALHEUREUX, T'ES RIEN QU'UN AUTOMOBILISTE, TU PEUX PAS PIGER SKE C'EST LA SOLIDARITÉ ENTRE LES MOTARDS... QUAND UN MOTARD TOMBE EN PANNE, TOUS LES AUTRES MOTARDS S'ARRÊTENT POUR L'AIDER!
J'VAIS TE L'PROUVER! ON FILE JUSQU'À L'AUTOROUTE ET ON SE PAIE UNE PANNE BIDON!
ON STOPPE! ON SIMULE! ON CHRONOMÈTRE!
16" PLUS TARD...
T'ES EN RIDEAU, P'TIT GARS?...
AAAAAH!
1'34" LATER
'Y A UN PROBLÈME, LES POTES?...
REAAAAH!
2'56"
Z'ÊTES SAUVÉS, LES GUS, ON EST LÀ!...
T'AS VU LES CARBUS?
C'EST P'T'ÊTRE LE RÉTRO QU'EST ENCRASSÉ!
3'13"
MERCI, LES GARS, MERCI! EUH... ÇA IRA!.. TROP NOMBREUX... EUH... ...VA SE GÊNER...
LES VIS PLATINÉES SONT NICKEL!
DÉMONTE VOIR LES AMORTOS!
4'39"
FILE-MOI UNE CLÉ DE 12, PAULO!
PLACE!
POUSSEZ-VOUS LES MECS!
CRAIGNOS EAGLES OF LAEKEN
5'30"
J'AIME BIEN CES PIÈCES DÉTACHÉES PAS CHÈRES...
BOF! I'N'ONT JAMAIS LA PIÈCE QU'ON VOUDRAIT!..
PILLARDS! PIRATES D'AUTOROUTE!!
ET EN PLUS I'Z'AIMENT PAS MON PHARE!...
WOUAAAAH!
VOUS ÊTES EN PANNE, JEUNE HOMME?
HOME
Degotte

LORSQUE GAMELLE PART SE BALADER À MOTO, IL PASSE INVARIABLEMENT PAR SIX ATTITUDES SUCCESSIVES...
CLAC CLAC
1 DEBOUT À CÔTÉ DE SA MACHINE...
VRAOUM VR
2 ASSIS SUR SA BÉCANE...
VRAOUM
3 COUCHÉ SUR SA BÉCANE...
4 COUCHÉ SUR LA ROUTE...
5 COUCHÉ À L'HÔPITAL...
6 DEBOUT SORTANT DE L'HÔPITAL...
N'AYEZ CRAINTE, MONSIEUR GAMELLE, JE VOUS RÉSERVE VOTRE CHAMBRE!
À TRÈS BIENTÔT!
IL PEUT ALORS ALLER S'ACHETER UNE NOUVELLE MOTO, LA 13e DE L'ANNÉE...
AU MOTARD GÂTÉ
TCHAO, LES POUSSINS!
SALUT, GAM! T'CHOISIS TA NOUVELLE MEULE?...
C'EST CELLE-LÀ QU'JE VEUX! LA GROSSE ROUGE, LÀ!...
BARDAF!
ELLE A ENTENDU!...

C'EST AU 13, AU FOND DE L'IMPASSE CRAIGNOS, QU'IL HABITE, NAZE, LE MOTARD LE PLUS NÉGLIGENT, LE PLUS INCONSCIENT, LE PLUS CRADINGUE DE TOUTE L'HISTOIRE DE LA MOTO...
3.106! KICK!
3.107! KICK!
3.108! KICK!
3.109! KICK!
3.110! KICK!
3.111! KICK!
3.112! KICK!
3.113! KICK!
3.114! KICK!
13.250! KICK!
13.251! KICK!
13.252! KICK!
ELLE DÉMARRE!... QUEL FLASH!! QUEL PIED!!!
VRAOUP
PRAOUT
VROOOOT
13
SALUT M'MAN! J'VAIS FAIRE UNE P'TITE BALADE, TAILLER UN PEU D'ROUTE...
À BIENTÔT, FILS...
À TOUT D'SUITE...
ZZZZZZ
...À MAINTENANT!...
...ET LE V'LÀ EN PANNE, UNE FOIS D'PLUS... (SOUPIR)
BOUM
CH' COMPRENDS PAS, M'MAN! J'AI POURTANT BIEN CHANGÉ L'HUILE, Y A PAS DEUX ANS, ET LES BOUGIES ONT MÊME PAS CINQUANTE MILLE BORNES...
MON PAUV' GARS, T'AS VRAIMENT LA CERISE!...
REMARQUE, C'EST PEUT-ÊTRE UN COUP DE BOL QUE L' MOTEUR IL AIT EXPLOSÉ AVANT QU' LES ROUES ME LÂCHENT...
TE DÉCOURAGE PAS, MON FILS!
VAISSELLE ANGÈLE
J'ME DÉCOURAGE PAS, M'MAN! ET T'VERRAS, UN JOUR, T' SERAS FIÈRE DE TON FILS!...
13
UN JOUR, J'ARRIVERAI... JUSQU'AU BOUT D'LA RUE! CH'TE L' PROMETS, M'MAN!...
J'EN SUIS SÛR, MON P'TIT! TU ES CRASSEUX, TU ES NÉGLIGENT, INCONSCIENT, MALADROIT ET CON, MAIS T'AS JAMAIS ÉTÉ VANTARD...

"L'AMBITION EST LE MOTEUR DE LA RÉUSSITE, ET LES SCRUPULES EN SONT LES FREINS" (FORD-FERODO)
EXACT ! TU L'AS DIT, BOUFFI !
DU FOND DE SON IMPASSE, AU N° 13, NAZE N'A QU'UNE AMBITION : ARRIVER AU BOUT DE LA RUE SANS TOMBER EN PANNE...
13
J'Y ARRIVERAI ! J'Y ARRIVERAI ! J'Y IRRAVERAI ! J'Y ARR...AI ! J'Y ARR...AI ! OOO..
DOUX JÉSUS !
NAZE, ARRÊTE !
VRAOUPPP
T'AS MESURÉ, M'MAN ?
OUI ! TOUT VA BIEN, T'AS ENCORE GAGNÉ DEUX CENTIMÈTRES DEPUIS HIER...
ENCORE EN PANNE, NAZE ?
BEN, ÇA ALORS ! COMMENT QUE TU L'AS DEVINÉ ?...
T'ES ESTRA-LUCIDE, OU QUOI ?...
ALORS, T'ESPÈRES VRAIMENT POUVOIR ALLER D'CHEZ TOI JUSQU'AU BOUT D'LA RUE ?
MAIS T'ES UN VRAI FOU D'ORGUEIL, TOI !...
PAUV'CLOCHE, VA ! MAIS T'ES PAS CAP'D'Y ARRIVER ! J'TE PARIE MA BÉCANE NEUVE CONTRE TON TAS D'BOUE QUE T'Y ARRIVERAS JAMAIS !
CH'TIENS L'PARI ! T'PEUX DIRE ADIOS À TA BÉCANE !
PLUS TARD...
HÉ, LAFRIME, T'AS CHANGÉ TA BIKE CONTRE LE DERNIER MODÈLE DE CHEZ "CRADO" ?
CE P'TIT SALOPARD A GAGNÉ L'PARI !
ET V'SAVEZ COMMENT IL A FAIT ?...
...IL A DÉMÉNAGÉ AU N° 1 !...
IMPASSE CRAIGNOS
1

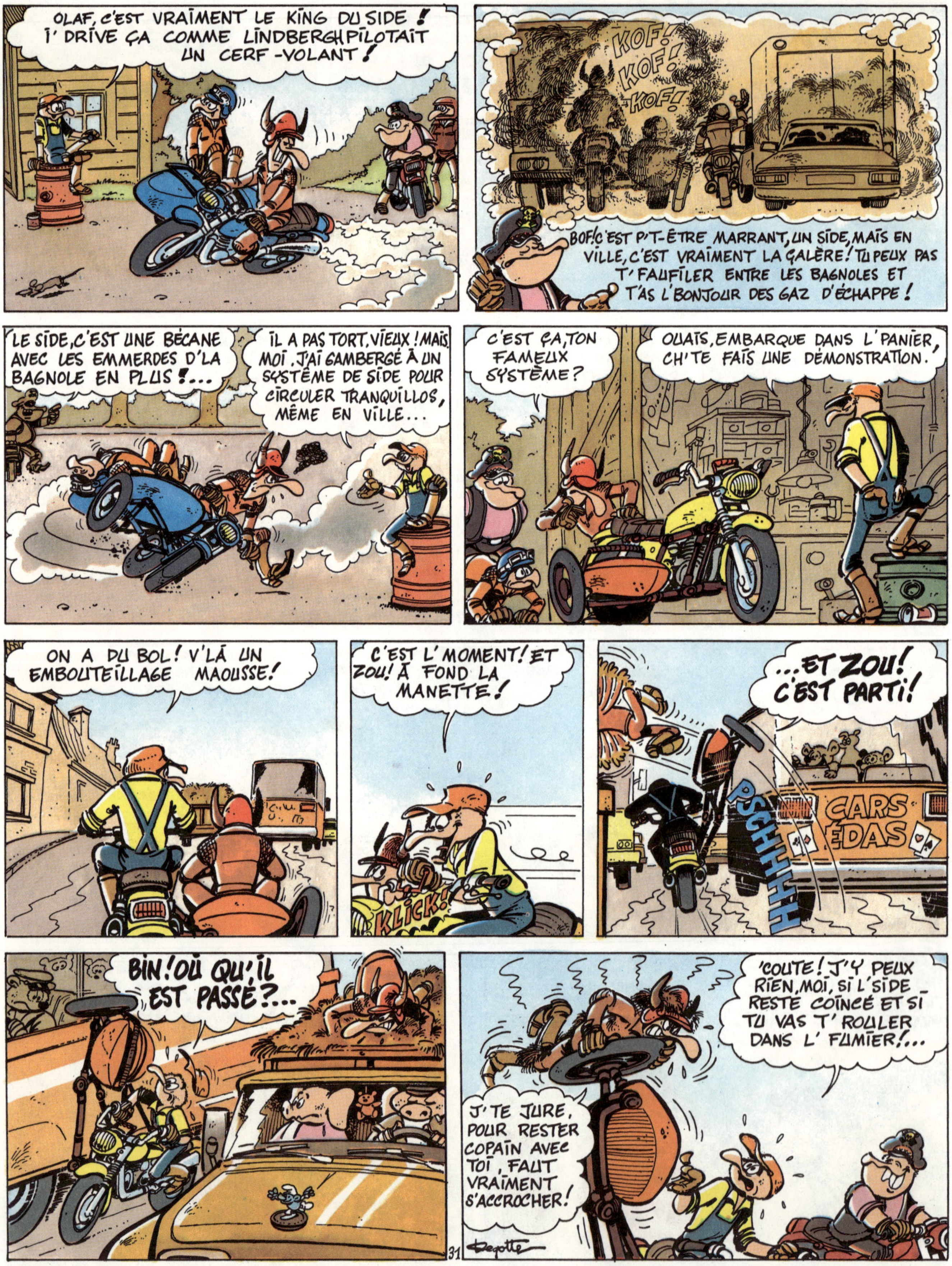
OLAF, C'EST VRAIMENT LE KING DU SIDE ! I' DRIVE ÇA COMME LINDBERGH PILOTAIT UN CERF-VOLANT !
KOF! KOF! KOF!
BOF! C'EST P'T-ÊTRE MARRANT, UN SIDE, MAIS EN VILLE, C'EST VRAIMENT LA GALÈRE ! TU PEUX PAS T'FAUFILER ENTRE LES BAGNOLES ET T'AS L'BONJOUR DES GAZ D'ÉCHAPPE !
LE SIDE, C'EST UNE BÉCANE AVEC LES EMMERDES D'LA BAGNOLE EN PLUS !...
IL A PAS TORT, VIEUX ! MAIS MOI, J'AI GAMBERGÉ À UN SYSTÈME DE SIDE POUR CIRCULER TRANQUILLOS, MÊME EN VILLE...
C'EST ÇA, TON FAMEUX SYSTÈME ?
OUAIS, EMBARQUE DANS L'PANIER, CH'TE FAIS UNE DÉMONSTRATION.
ON A DU BOL ! V'LÀ UN EMBOUTEILLAGE MAOUSSE !
C'EST L'MOMENT ! ET ZOU ! À FOND LA MANETTE !
KLICK!
...ET ZOU ! C'EST PARTI !
PSCHHHHH
CARS ÉDAS
BIN ! OÙ QU'IL EST PASSÉ ?...
'COUTE ! J'Y PEUX RIEN, MOI, SI L'SIDE RESTE COINCÉ ET SI TU VAS T'ROULER DANS L'FUMIER !...
J'TE JURE, POUR RESTER COPAIN AVEC TOI, FAUT VRAIMENT S'ACCROCHER !
31 Degotte

ÇA Y EST, LES MECS, GAMELLE S'EST ENCORE PAYÉ UNE TRANCHE DE BITUME!
J'Y PIGE RIEN! DES TAS DE GARS PILOTENT ENCORE PLUS MAL QUE LUI ET NE TOMBENT JAMAIS!! ALORS? POURQUOI QUE GAMELLE I'TOMBE TOUT L'TEMPS, LUI?
ÇA VA, VIEUX?
UNE DÉVEINE PAREILLE, C'EST VRAIMENT PAS BANAL!
C'EST PAS BANAL, C'EST FREUDIEN!
MAIS KESTUDIS, KIWI?! TU PEUX PAS CAUSER CORRECTEMENT?!...
J'AI DIT FREUDIEN! LES CHUTES DE GAMELLE, C'EST RIEN QUE DES "ACTES MANQUÉS" QUI LUI SONT DICTÉS PAR SON VIEUX SUBCONSCIENT!...
BARDAF!
I'S'FERAIT ANALYSER PAR UN PSY, I'SAURAIT POURQUOI QU'I'CHUTE!
TAP! TAP! TAP!
SACRÉ KIWI! IL EN A SOUS LE CASQUE!
TE DÉGONFLE PAS, GAMELLE, C'EST POUR TON BIEN!...
D
DR IVAN LETERRIBLE PSYCHANALYSE GROS · DÉTAIL
VOTRE CAS ME PARAÎT TRÈS INTÉRESSANT, CHER MONSIEUR GAMELLE, VEUILLEZ PRENDRE PLACE SUR CE DIVAN...
ATTENTION CHUTES DE MOTARD
JE VOIS... PRÉDESTINATION INÉLUCTABLE!...
BARDAF!
Degotte 84

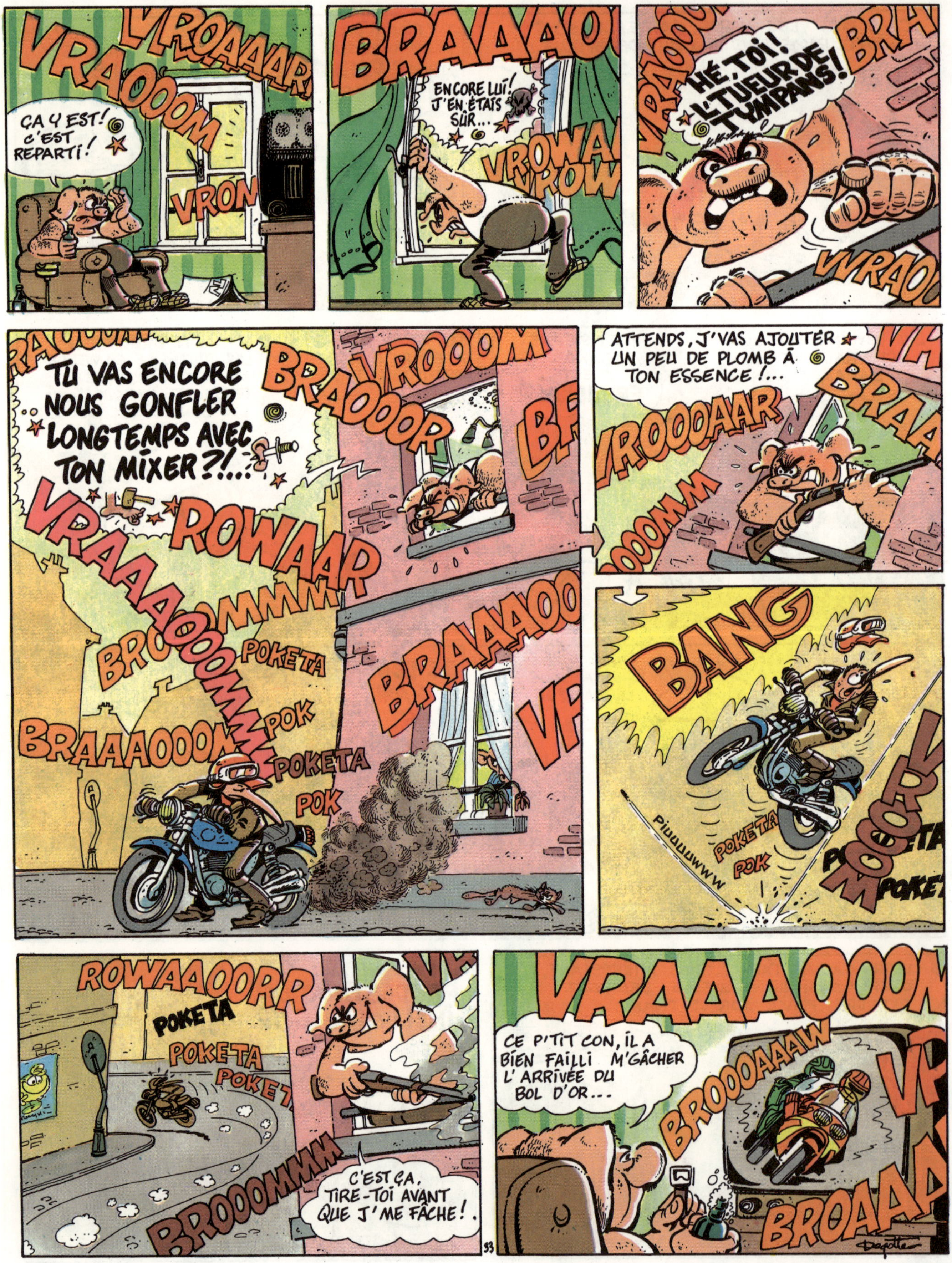
VRAOOOM
VROAAAR!
ÇA Y EST! C'EST REPARTI!
VRON
BRAAAAO
ENCORE LUI! J'EN ÉTAIS SÛR...
VROWA
VROW
HÉ, TOI! L'TUEUR DE TYMPANS!
BRA
VVRAOU
TU VAS ENCORE NOUS GONFLER LONGTEMPS AVEC TON MIXER ?!...
BRAOOOR
VROOOM
VRAAAOOOMMMM
ROWAAR
BROOOMMMM
POKETA
BRAAAOOOM
POK
POKETA
POK
BRAAAOO
ATTENDS, J'VAS AJOUTER UN PEU DE PLOMB À TON ESSENCE!...
VROOOAAR
BRAA
OOOMM
BANG
PIUUUWWWW
POKETA
POK
ROWAAOORR
POKETA
POKETA
POKET
BROOOMMM
C'EST ÇA, TIRE-TOI AVANT QUE J'ME FÂCHE!
VRAAAOOOM
CE P'TIT CON, IL A BIEN FAILLI M'GÂCHER L'ARRIVÉE DU BOL D'OR...
BROOOAAAW
BROAAA

KESSTA, COBOÏE? T'EN FAIS UNE TRONCHE...
SALUT, KIWI! J'FLIPPE COMME UNE BÊTE...
J'CAFARDE COMME UN RAT MORT! MÊME MA NOUVELLE BÉCANE SPORT M'EXCITE PLUS!
CHUIS UN HOMME D'ACTION, MOI! J'AI B'SOIN D'ME DÉFONCER UN MAXE...
NO FUTURE
ALLONS VOIR BILLY THE KICK, CHUIS SÛR QU'IL AURA UNE BÉCANE QUI T'BRANCHERA!...
BOF!
V'LÀ MON MODÈLE "RODÉO"! ZIEUTEZ BIEN L'DÉCENTRAGE DÉMENT DES AXES DE ROUES...
BILLY THE KICK
VAS-Y, EMBRAYE!
POT! POT! POT!
ESSAYE DE T'NIR DIX SECONDES DESSUS!...
YAHOU!
WOUAIS! SUPEEER!!
C'EST TOUT BON, CONTINUE!
13 SECONDES!... BELLE PERFORMANCE!
AAAH, LA VACHE! ÇA FAIT DU BIEN! J'ME SENS REVIVRE! ÇA, AU MOINS, C'EST D'LA BÉCANE! MERCI, MON VIEUX BILLY!
VIENS QUAND TU VEUX, FILS! À CHAQUE FOIS QU'T'AURAS L'BLOUZE...
Degotte

SALUT, LES P'TITS POTES!
KOF! PUF! PUF! KOF!
SALUT, LAFRIME!
J'VOUS PRÉSENTE MON COPAIN, CLOPE...
KOF! KOF!
SALUT! PUF! PUF!
PUF! PUF!
GALLOIS
MALBRO
ON M'APPELLE CLOPE... PUF! PUF! PASKE J'FUME TROP!... PUF!
AH, OUAIS? ON N'AVAIT PAS REMARQUÉ!...
PUF! PUF! PUF!
KOF! KOF!
NAKED EAGLES
GALLOIS
I' PARAÎT QU'MES POUMONS, C'EST... PUF! PUF!... COMME DEUX GOURDES DE GOUDRON... PUF! PUF!
KOF! KOF! PUF! PUF!
C'EST POUR ÇA QU'MA BÉCANE... PUF! PUF!... ELLE EST TOUTE BRUNE! PUF! PUF!... C'EST LA NICOTINE QUI FAIT ÇA!...
AVANT, ELLE ÉTAIT VERTE...
PUF! PUF!
KOF! KOF! KOF!
CANCERETTE
COMBIEN D'PAQUETS D'CLOPES TU T'ENVOIES?
SEPT! J'M'EN TAPAIS SEPT PAQUETS PAR JOUR... PUF! PUF! MAIS J'AI SUIVI UN TRAITEMENT SPÉCIAL... PUF! PUF!... ET ÇA VA NETTEMENT MIEUX!...
KOF! KOF!
PUF! PUF!
T'EN FUMES COMBIEN, A' C'T' HEURE?
BEN... CHUIS TOUJOURS À SEPT PAQUETS, MAIS ATTENTION...
KOF!
PUF! PUF!
...MAINTENANT, J'LES OUVRE!...
KOF! KOF!
PUF! PUF!

'COUTEZ BIEN, LES P'TITS GARS, J'ESPLIQUE: CECI EST UN DRAGSTER. ÇA MONTE À 300 À L'HEURE SUR 400 MÈTRES.
C'EST RÉSERVÉ AUX GROS BRAS ET AUX GROS COEURS!
PAS D'USAGE PROLONGÉ SANS AVIS MÉDICAL.
VROOOMMMM
BROOOOM
POUR UN DÉMARRAGE CANON, ON ÉCHAUFFE LE PNEU ARRIÈRE EN L'FAISANT PATINER COMME CECI...
LE "BURN OUT", QUE ÇA S'APPELLE... J'ÉCHAUFFE LA GOMME UN MAXE ET... ATTENTION, CHAUD DEVANT!... ÇA VA DÉCOLLER!!
ZWOOF!
T'AS COMPRIS SA TECHNIQUE, TOI?
BEN NON! MOI J'Y CONNAIS RIEN EN DRAGUEUSTÈRES...
35
Degotte

CE VIEUX BEAT!... ON L'ENTEND TOUJOURS AVANT DE LE VOIR ARRIVER...
SA BÉCANE EST ÉQUIPÉE DE MÉGA-AMPLIS, LECTEUR LASER DE COMPACT DISQUES, H.P. À GLUTZIBURE COMPENSÉ INTÉGRÉS, TUNERS SUBMERSIBLES ETC...
TOUS LES FLICS SONT FASCINÉS PAR SON MATOS...
ELVIS
QUOI DE PLUS FASCINANT QU'UN DIALOGUE ENTRE MÉLOMANES...
Arré-ter-moi ce-bou-kan-i-mé-dia-te-ment et ksa saute!
ALORS, MUSIC LOVER, LA STRIDULATION MODULÉE DE MON SIFFLET NE VOUS ÉMEUT PAS?...
SA SONORITÉ VOUS LAISSE FROID?
ÇA, UN SIFFLET? WOUAAAH! OH, LUI, HÉ! LA CRISE!!!
ÇA FAIT 2 WATTS AU MAXE!
SANS PRÉAMPLI? SANS ÉQUALIZER? SANS RIRE?
Z'ÊTES VRAIMENT LE MOYENÂGEUX TOTAL, MON PAUVRE VIEUX!...
15
ÇA FAIT HUIT JOURS QU'IL EST RENTRÉ DANS C'T'ÉTAT-LÀ! IL EST ALLÉ ENTERRER SON SIFFLET AU FOND DE LA COUR, ET DEPUIS I' SANGLOTE!..
WOUIN!
ALLONS, MACHIN! UN GRAND AGENT COMME VOUS!
C'EST QUOI, CE GROS CHAGRIN?

DIS, BEAT, T'ÉCOUTES QUOI DANS TES BOLS À MUSIQUE ?
ON N'ENTEND RIEN, NOUS !...
WOUAIS ! WOW !...
C'EST PARTI POUR ZE BREAK DANCE !
HIPHOP BROZEUR ! SMURF !
C'EST QUOI, LE TITRE ? C'EST PAS " STRIT DANSE " PAR BREAK MACHIN ?
HÉ NON !... C'EST "SONATE POUR CLAVECIN" D'AHMED DÉUS MOZART, OPUS 1984.
ÇA CHAUFFE UN MAXE !

V'LÀ LAFRIME QUI S'POINTE AVEC SA NIOU BÉCANE !
RIEN QU'AU SON, TU R'CONNAIS UNE "ALLEZ" !
PRO
PROOT
PROOT
PROOT
PRÉPAREZ VOS GLANDES ADMIRATOIRES, MES P'TITS CAMARADES, ME V'LÀ AVEC LE DERNIER MODÈLE DE CHEZ ALLEZ-VA-VITE-SON !
C'EST BEAU COMME UN CAMION !... ...MÊME SI C'EST PLUS LOURD !
BIEN SÛR, ON PEUT AUSSI S'AMUSER AVEC VOS P'TITES QUINCAILLERIES JAPS OU VOS P'TITES ANGLAISES PISSEUSES D'HUILE, MAIS UNE "ALLEZ", IAKSA D'VRAI, EN FINALE !...
C'EST LA "KOUINE OF ZE ROUTE" !
TIENS ! EN V'LÀ UNE AUTRE, DE KOUINE ! JAMAIS SEULE, C'EST LA LOI DES CHÉRIES !...
PROOT
PROOT
HÉ ! MARRANT ! C'EST JUSTE LE MÊME MODÈLE QU'LA TIENNE !
OUAIS, MAIS... VISEZ L'ACCASTILLAGE, LES MECS ! HOULÀ !... LE MÉCHANT MATOS QU'I' TRIMBALLE !
SALUT !
OH, DIS DONC, AMUSANTE TA BÉCANE TOUTE NUE !
T'ES ÉCOLO OU QUOI ?...
MOI, J'AI LES POIGNÉES CHAUFFANTES POUR L'HIVER, LE DÉPOUSSIÉRAGE PAR ULTRA-SONS, LE DÉTECTEUR DE VERGLAS, LE RADAR À FLIC, LE BAR-FREEZER, LA STÉRÉO, LA SACOCHE JEU-VIDÉO, LE CAMPING-GAZ, ET PATATI ET PATATA.....
GNAGNAGNI, GNAGNAGNA !
MAIS TA BÉCANE EST SYMPA TOUT D'MÊME, T'SAIS ! MÊME SI ELLE FAIT UN PEU SAHEL, UN RIEN TIERS MONDE, QUOI !...
ALLEZ, TCHAO, LES POUSSINS ! AMUSEZ-VOUS BIEN AVEC VOS TROTTINETTES !

ALORS, T'ES BIEN ASSIS SUR TA SAHEL ?... WAF! WAF!
BIN ALORS ? MOI AUSSI, SI JE VOUDRAIS, J'POURRAIS FRIMER AVEC PLEIN D'GADGETS! J'VAIS VOUS L'PROUVER !
ET 2 ½ JOURS PLUS TARD...
C'EST PAS BEAU, ÇA? ÇA FAIT TIERS MONDE, ÇA P'T-ÊTRE ?
MATEZ LE MATOS! UNE VRAIE FÉERIE D'ACCESSOIRES!...
ALLEZ! ON VA TAILLER UN PEU D'ROUTE POUR PROM'NER L'NOUVEAU BÉBÉ!
OUAIS! MAIS PASSEZ D'VANT, MOI, CHUIS EN RODAGE, J'Y VAIS MOLLO!
HÉ LES GARS! LA FRIME SUIT PLUS! SA "ALLEZ" FUME COMME L'ENFER...
BOUGE PAS, VIEUX, ON VA T'DÉPANNER!
KOF! KOF!
FAUT D'ABORD ENLEVER TOUT CE MATOS !
NAAAN! TOUCHEZ PAS!...
MAIS !?... C'EST RIEN QU'UNE MOBE, LÀ-D'SSOUS!...
BIN... VOUI!
L'A BIEN FALLU VENDRE MA "ALLEZ" POUR ACH'TER CES FOUTUS ACCESSOIRES!
C'EST QU'ÇA COÛTE UN MAXE, CES DENRÉES-LÀ!...
BONJOUR LA HONTE!
24
Degotte

IMPASSE CRAIGNOS
BIN ÇA ! HA, BIN ÇA ! HA, BIN ÇA ALORS !
KESKI T'ARRIVE, NAZE ?
BIN, ON A PIQUÉ MA BÉCANE, J'L'AVAIS GARÉE, LÀ, 'Y A PAS DEUX MOIS !
VOLER CE TAS D'FERRAILLE !... 'Y A DES VOLEURS QUI SONT PAS VITE DÉGOÛTÉS !
I' N'A PAS PU ALLER BIEN LOIN TON VOLEUR, AVEC UNE BÉCANE PAREILLE !... J'PARIE QU'TU VAS LA RETROUVER DERRIÈRE LE COIN D'LA RUE ...
TU CROIS !...
BIN OUAIS ! LA V'LÀ !
T'ES EN PANNE, VIEUX ?
M'EN CAUSE PAS !... J'DEVIENS DINGUE AVEC CETTE SALOPERIE DE BÉCANE POURRIE.
(SOUPIR FORCE 9)
J'BRICOLE COMME UNE BÊTE DEPUIS CINQ PLOMBES. J'ARRIVE PAS À RALLUMER CE VIEUX MOULIN D'ENFER !
J'AI TCHÈKÉ LES CARBUS, L'ALLUMAGE !... TOUT ! TOUT !... (SANGLOT.)
JE VAIS CRAQUER !
JE CRAQUE !
J'AI CRAQUÉ !
C'EST VRAIMENT LA GALÈRE. UNE BÉCANE PAREILLE !
DIS PAS ÇA ! PARFOIS, EN SOUFFLANT DANS L'ÉCHAPPE, ELLE REDÉMARRE !...
MIRACLE !
VROUP
VROUM
VROUP
SALUT ET MERCI, MEC ! T'ES SYMPA !
BIN ?!...
40
Degotte

J'ME SUIS OFFERT UN SUPER SYNTHÉ QUI SIGNALE LES PLAQUES DE VERGLAS. C'EST UNE VRAIE P'TITE MERVEILLE...
OH LUI, HÉ!... TON SYNTHÉ, I'RENIFLERAIT PAS UN ICEBERG À TROIS PAS!...
Y AVAIT L'MÊME À BORD DU "TITANIC"!
JE VOIS... MÔSSIEUR FAIT DANS L'GENRE SCEPTIQUE!...
OUAIP! CHUIS AUSSI SCEPTIQUE QU'UNE FOSSE...
ALLEZ! ON VA L'TESTER SUR ROUTE.
ATTENTION! TEMPÉRATURE NÉGATIVE AU SOL... RISQUE DE VERGLAS!
AAAH!
VERGLAS DEVANT...
REAAAAH!...
VERGLAS DESSOUS
VERGLAS DERRIÈRE
ALORS, ÇA MARCHE PAS AU P'TIT POIL?...
J'ADMETS, C'EST IMPEC, MEC! YOUPIE ET AÏE!
37
Degotte

BIN QUOI, NAZE, T'AS OUBLIÉ DE T'FAIRE VOLER TA BÉCANE ?
RAPOKETA POK POKETA
ME FAUCHER MA MEULE ? ALORS, LÀ, JE RICANE SEC, HI HI HI !
C'EST BIEN FINI, ÇA !
AH, NON, C'EST PLUS POSSIBLE, ÇA !
LÀ, TIENS !!
HI HI !
J'ESPLIQUE : J'AI BRICOLÉ UN SYSTÈME ANTIVOL VACHEMENT SUPER !
J'VOUS FAIS UNE P'TITE DÉMONSTRATION : IMAGINEZ UN MALFAISANT QU'AURAIT DANS L'IDÉE D'ME PIQUER MA BÉCANE...
L'HORRIBLE S'AMÈNE COMME UN COYOTE FURTIF...
IL ESSAIE D'ALLUMER LE MOULIN ET PFFFF! I'S'PREND UNE GICLÉE DE GAZ DANS LA TRONCHE! ET PAS N'IMPORTE QUEL GAZ...
PFFFF!
...DU GAZ PARALYSANT ! GÉNIAL, NON ?
HÉ ! HO ! REVIENS AVEC NOUS !
B'JOUR M'DAME ! ON VOUS RAMÈNE VOTRE FISTON VOUS AFFOLEZ PAS, L'EFFET DU GAZ NE DURE QUE TROIS JOURS !...
VAISSELLE
ANGÈLE
43
Degotte

B'JOUR, BILLY...
BEN QUOI, MON VIEUX GAMELLE, KESKI T'EST ENCORE ARRIVÉ ?
CLOPINE CLOPINE CLOPINE
J'AI DÉRAPÉ SUR UNE FLAQUE D'HUILE...
NOOON !? SUPER ! TU TOMBES VRAIMENT À PIC, PETIT VEINARD !...
J'FINIS JUSTEMENT LA MISE AU POINT D'UN DÉTECTEUR DE FLAQUES D'HUILE...
'Y A UN SIGNAL SONORE QUI FAIT BIP ! QUAND T'APPROCHES D'UNE FLAQUE D'HUILE OU DE GRAISSE.
OUAIS ! MON OEIL ...
TIENS, I' SE MET À FONCTIONNER MÊME À L'ARRÊT !... PAS ENCORE AU POINT, TON TRUC GÉNIAL !
?!
BIP BIP BIP BIP
ÇA BIPEBIPE DE PLUS EN PLUS FORT ! WOUAH ! C'EST VRAIMENT LE GADGET RINGARD... WAF ! WAF !
BIP BIP BIP BIP
BEN, J'Y COMPRENDS RIEN !...
SALUT GRETA ! SALUT GROS TAS !
BIP BIP BIP BIP BIP
SALUT, BILLY !
C'EST PAS BEAU, ÇA ? ÇA SIGNALE VRAIMENT L'APPROCHE DE TOUS LES CORPS GRAS !
CHUIS L'MEILLEUR !
BIP BIP

SALUT, GAMELLE !
VROUM ! VRAOUM !
OUÏLLE !
BONG !
VROUM ! VROUP !
HOULÀ ! AÏE !
BARDAF !
VROUP ! VROUM !
AÏEAÏE AÏE !
KABONG !
M'ENFIN, GAMELLE, À QUOI TU JOUES ?...
JE JOUE PAS ! J'M'ENTRAÎNE DUR EN ATTENDANT MA NOUVELLE BÉCANE !...
VROUP ! VROUP !
39
Degotte

Petit lexique des mots motards

ACATÈNE (sans chaîne) : Transmission moteur-roue arrière par un arbre au lieu d'une chaîne.

EXEMPLE. — *Billy, fan de l'acatène, affirme : « Où y a d'la chaîne, y a pas d'plaisir ! »*

ACCASTILLAGE : Equipement d'une moto en accessoires.

EXEMPLE. — *Pour l'accastillage de sa bécane, Lafrime avait dû gratter le fond de ses poches.*

AMINCHE : Copain.

EXEMPLE. — *Hé, les aminches, on va tailler un peu d'route ?*

ANGLER (prendre des angles) : Incliner la moto en virage.

EXEMPLE. — *Qui veut faire l'angle fait la bête (Pascal).*

AVARO : Difficulté inattendue.

EXEMPLE. — *On avait fait un p'tit trip, plein d'avaros.*

BAFOUILLE : Lettre.

EXEMPLE. — *J'ai reçu une bafouille de mon percepteur, quelle galère !*

BALANCER : Incliner la moto d'un côté puis de l'autre dans une suite de virages serrés.

EXEMPLE. — *Sur cette route en lacets, Spidi balance sa meule comme un vrai malade.*

BALÈZE : Costaud ou super intelligent.

EXEMPLE. — *Kiwi, c'est un p'tit format, mais dans sa tête, c'est lui l'plus balèze.*

BAHUT : Camion ou très grosse moto.

EXEMPLE. — *Lafrime avait acheté un nouveau bahut, beau comme un camion mais plus gros.*

BÉCANE : Moto.

EXEMPLE. — *Y a plus que les bourgeois qu'appellent moto, une bécane.*

BÊTE : Moto puissante.

EXEMPLE. — *Spidi est l'seul capable de chevaucher une pareille bête.*

BIDON : Faux, truqué (ou abdomen).

EXEMPLE. — *Le bidon de Lafrime, il est pas bidon.*

BIDULE : Objet indéfini.

EXEMPLE. — *Lafrime adore garnir son bahut de bidules dingues.*

BIGOPHONE : Téléphone.

EXEMPLE. — *Le rêve de Lafrime, c'est d'avoir un bigophone installé sur sa bécane.*

BILLE (toucher sa) : Connaître la mécanique.

EXEMPLE. — *Naze, y touche pas sa bille ! A la moindre panne, y rentre chez lui en taxi.*

BLOUZE : Cafard, mélancolie.

EXEMPLE. — *Le prix des assurances, ça me fout le blouze.*

BOL (avoir du) : Chance, veine.

EXEMPLE. — *J'ai pas eu d'bol, j'me suis viandé sur une flaque de mazout.*

BOL (d'or) : Célèbre course d'endurance de 24 heures au circuit du Mans.

EXEMPLE. — *Avec un peu de bol, il gagnait le Bol !*

BOMBER : Rouler à la vitesse maximum.

EXEMPLE. — *Spidi bombe toujours à mort. Une seule chose ne s'use jamais sur sa bécane, c'est les freins.*

BOURRE (être à la) : Etre en retard.

EXEMPLE. — *C'est l'heure, ça ? J'suis vachement à la bourre !*

BOURRE (se tirer la) : Disputer une course entre copains.

EXEMPLE. — *Spidi est toujours partant pour se tirer la bourre.*

BRACELETS : Guidon surbaissé, très court.

EXEMPLE. — *Avec des bracelets, tu peux conduire que couché sur ta bécane.*

BRANCHÉ : Etre au courant, à la mode.

EXEMPLE. — *Si t'es branché, tu dis chébran.*

BURN OUT : Echauffement du pneu arrière par patinage avant une course de côte ou de dragster.

EXEMPLE. — *Sans un bon « burn out », impossible de bien démarrer un drag.*

CAILLER : Faire froid, avoir froid.

EXEMPLE. — *Ça caille drôlement c'matin ! On va cailler sur nos bécanes !*

CAISSE : Voiture.

EXEMPLE. — *Le plus dangereux à moto, c'est les caisses drivées par des ahuris.*

CAISSE (à fond d') : Plein gaz.

EXEMPLE. — *Spidi connaît qu'une allure, à fond d'caisse.*

CERISE : Déveine, guigne.

EXEMPLE. — *Quelle cerise ! Il s'est fait tilter par une caisse.*

CHOPPER : Moto à très longue fourche avant.

EXEMPLE. — *Un chopper c'est une longue fourche placée sur une meule. Agricole, non ?*

CHOURER, CHOURAVER : Voler.

EXEMPLE. — *Ah ! les hyènes, y m'ont chouré ma nouvelle bécane !*

CONTINENTAL CIRCUS : Saison européenne de Grands Prix de vitesse.

EXEMPLE. — *Pour être pilote du Continental Circus, faut de gros bras.*

CRAIGNOS : Horrible, débile.

EXEMPLE. — *La bécane à Naze, elle est franchement craignos.*

CRAINT (ça) : C'est moche.

EXEMPLE. — *Une meule de compète attelée à un side, ça craint.*

CUBE (gros ou petit) : Cylindrée.

EXEMPLE. — *Pour Lafrime, une bécane de moins d'un litre, c'est rien qu'un petit cube.*

CYLINDRE A TROUS : Moteur deux temps.

EXEMPLE. — *Un cylindre à trous, c'est plus rapide au démarrage, mais à l'oreille, ça craint un peu.*

DECOIFFE (ça) : C'est rapide (très, très rapide : ça scalpe).
EXEMPLE. — *La nouvelle quatre pattes de chez Yamaki, elle décoiffe un maxe!*

DEGUEU : Moche à vomir.
EXEMPLE. — *La bécane à Naze, elle est vraiment dégueu. Un vrai tas de boue.*

DEMENAGER : Aller vite.
EXEMPLE. — *Ces nouvelles bécanes à turbo, ça déménage terrible!*

DRAG, DRAGSTER : Moto surpuissante pour course sur courte distance (1 mile ou 1/4 de mile), départ arrêté.
EXEMPLE. — *Si mon drag avait pas explosé au démarrage, je gagnais les doigts dans l'nez.*

DREAM BIKE : Moto de rêve.
EXEMPLE. — *La « Dream bike » de Naze était un vrai cauchemar.*

DRIVER : Piloter.
EXEMPLE. — *Olaf drivait les sides les plus vicieux, mieux que Lindbergh un cerf-volant.*

ENTRAVER : Comprendre.
EXEMPLE. — *Si t'as du mal à entraver la langue des motards, ce texte va t'aider.*

EMPLATRER : Percuter.
EXEMPLE. — *En sortant de l'hosto, Gamelle avait emplâtré une ambulance qui entrait.*

FASTOCHE : Facile.
EXEMPLE. — *Démarrer un gros mono au kick, c'est pas fastoche.*

FORTICHE : Malin.
EXEMPLE. — *Pour détecter une panne, Billy the Kick, c'est l'plus fortiche.*

FILER LE TRAIN : Suivre.
EXEMPLE. — *Quand Spidi démarrait, impossible de lui filer l'train.*

FLASH : Emotion intense.
EXEMPLE. — *J'ai vu la nouvelle bécane à Spidi, quel flash!*

FLIPPER : Se sentir déprimé.
EXEMPLE. — *En lisant la facture du garagiste, Gamelle flippait salement.*

FRIMER : Parader, se mettre en valeur.
EXEMPLE. — *Lafrime, il échangerait sa propre mère contre un modèle exclusif, pour pouvoir frimer.*

FRIME : Action de frimer.
EXEMPLE. — *Y a des minets qu'achètent des bécanes, rien que pour la frime.*

GAFFE (faire) : Attention.
EXEMPLE. — *Pour rouler sur la neige, faut faire gaffe.*

GALERE : Situation pénible.
EXEMPLE. — *Le prix des bécanes augmente sans arrêt, quelle galère!*

GAMBERGER : Réfléchir.
EXEMPLE. — *Gamberger, c'est vraiment pas son truc à Spidi. Il fait tout d'instinct.*

GAMELLE : Chute.
EXEMPLE. — *Notre copain Romain Lempire, à cause de ses chutes, on l'a surnommé Gamelle.*

GEANT : Génial, formidable.
EXEMPLE. — *Une 350 CC qui fait 60 CV, c'est géant.*

GROS CŒUR: Peur, émotion.
EXEMPLE. — *En dérapant sur les gravillons, je me suis fait un gros cœur.*

HOSTO : Hôpital.
EXEMPLE. — *Gamelle avait une chambre réservée à l'année à l'hosto.*

KICK : Levier de démarrage.
EXEMPLE. — *Le kick sur une bécane, c'est comme la manivelle pour une bagnole.*

LOOK : Aspect, apparence.
EXEMPLE. — *Lafrime claquait un fric fou pour soigner son look.*

LOUBARD : Jeune voyou.
EXEMPLE. — *Beaucoup de bourgeois confondent motards et loubards, c'est bien triste.*

MAOUSSE : Imposant, luxueux.
EXEMPLE. — *Billy a branché sur sa meule un phare à iode maousse.*

MATOS : Matériel.
EXEMPLE. — *Lafrime arrête pas d'installer du nouveau matos sur son bahut.*

MAXE (un) : Maximum.
EXEMPLE. — *Tout ce matos coûte un maxe.*

MEGASUPER : Transcendant, extraordinaire.
EXEMPLE. — *Les chansons de Renaud, c'est mégasuper.*

MEULE : Grosse moto ou vélomoteur (par dérision).
EXEMPLE. — *Les cylindrées moyennes actuelles sont plus marrantes à piloter que les meules.*

MEUFE : Femme, copine.
EXEMPLE. — *J'vais tailler un peu d'route avec ma p'tite meufe.*

MOBE : Cyclomoteur.
EXEMPLE. — *Y a des rigolos qu'installent un guidon de Harley sur leurs mobes, pour épater les minettes.*

MONO : Moteur à un seul cylindre.
EXEMPLE. — *Le gros mono a toujours eu ses fanas.*

MOULIN : Moteur.
EXEMPLE. — *Mon moulin tournait rond comme une horloge.*

MOUSCAILLE : Malchance, misère.
EXEMPLE. — *Naze, en pleine mouscaille, avait pas les moyens de faire dépanner sa bécane.*

NAZE : Fichu, hors d'usage.
EXEMPLE. — *Tes pneus sont nazes, t'es gonflé d'rouler là-dessus.*

NICKEL : Impeccable (opposé à naze).
EXEMPLE. — *Les bécanes à Lafrime, elles sont toujours nickel.*

PANIER : Side accolé à une moto.
EXEMPLE. — *Olaf a accroché un nouveau panier à sa Yamaki.*

PATTES (2, 3, 4 ou 6) : Moteur à 2, 3, 4 ou 6 cylindres.
EXEMPLE. — *Lafrime est très fier de sa nouvelle six pattes.*

PAUMER : Perdre.
EXEMPLE. — *Dès qu'elle roule, la bécane à Naze paume tous ses boulons.*

PAYER (se) : Une tranche de bitume, un râtelier en béton : chuter.
EXEMPLE. — *Gamelle arrête pas de se payer des râteliers en béton.*

PIED : Plaisir exceptionnel.
EXEMPLE. — *Une belle balade, sur une bonne bécane, par grand beau, c'est l'pied!*

PLANTER (se) : Chuter.
EXEMPLE. — *A rouler sur le verglas, tu risques de te planter.*

PLOMBE : Heure.
EXEMPLE. — *Ça fait deux plombes que j'essaie de régler ces carbus.*

POIGNEE (dans le coin) : Plein gaz.
EXEMPLE. — *Spidi roule toujours poignée dans le coin.*

RIDEAU (en) : En panne.
EXEMPLE. — *Onze mois sur douze, la bécane à Naze est en rideau.*

RINGARD ou **RINGARDOS :** Démodé.
EXEMPLE. — *Dire que t'as fait mai 68, ça fait ringard.*

SANTIAGUES : Bottes de style western à bouts pointus et talons fuyants.
EXEMPLE. — *Les nouvelles santiagues à Olaf étaient pas craignos.*

STONED : Saoul.
EXEMPLE. — *Pour prêter sa bécane à Gamelle, faut vraiment être stoned.*

TAILLER (de la route) : Rouler, partir en balade.
EXEMPLE. — *Méprisant la météo, Spidi est toujours partant pour tailler d'la route.*

TASSE : Moto de 50 CC.
EXEMPLE. — *Les tasses slalomaient entre les caisses en faisant un bruit d'enfer.*

TCHEKER : Vérifier.
EXEMPLE. — *Billy the Kick avait tckèké l'allumage de mon moulin.*

TILTER : Percuter.
EXEMPLE. — *Beaucoup de motards se font tilter par des conducteurs de caisses maladroits.*

TRAIL : Moto mixte, route - tout-terrain.
EXEMPLE. — *C'est chouette, une trail, ça passe partout. Ça bouffe de l'herbe aussi bien que du bitume.*

TRIP : Voyage, balade.
EXEMPLE. — *Cet été, on a fait un chouette trip à la côte.*

TROMBLON (ou mégaphone) : Silencieux d'échappement.
EXEMPLE. — *La bécane à Spidi, sans ses tromblons, te fissurait les tympans.*

TROTTINETTE : Petite moto (méprisant).
EXEMPLE. — *Pour Lafrime, une 500 CC c'est une vraie trottinette.*

VIANDER (se) : Chuter.
EXEMPLE. — *Même à l'arrêt, Gamelle parvient à se viander.*

WHEELING : Rouler en cabrant sa moto.
EXEMPLE. — *Will Ing, toujours sur la roue arrière, n'a jamais usé un pneu avant.*